立川武蔵

曼荼羅の神々

仏教のイコノロジー

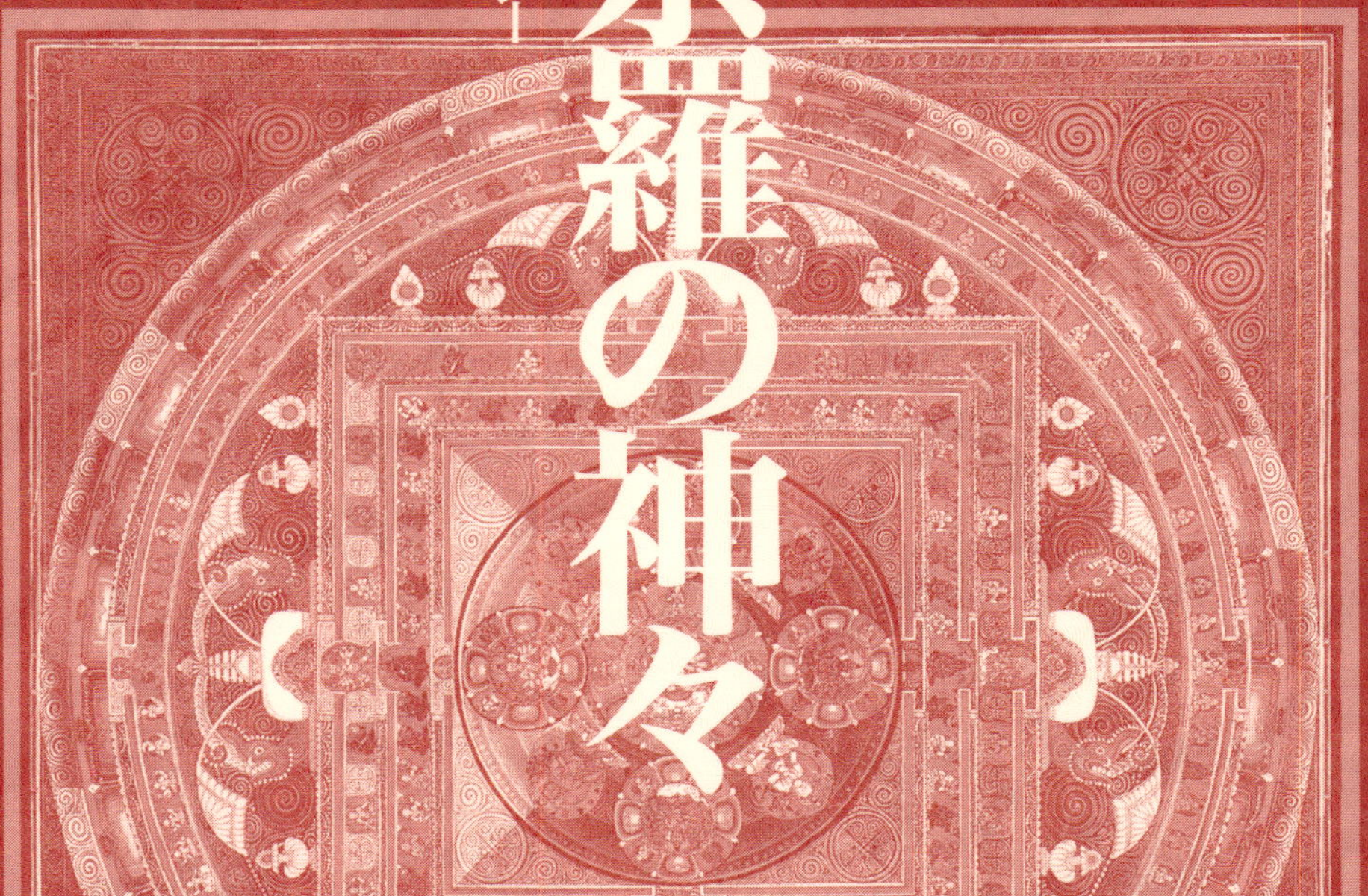

ありな書房

目次

曼荼羅の神々——仏教のイコノロジー

1——金剛薩埵（こんごうさった）

2———密呪随持明妃（図161，⑬）

3———大千摧砕明妃（図161，⑫）

4———大随求明妃
（図161，⑨）

5——大孔雀明妃（図161、⑪）

6——大寒林明妃（図161、⑩）

7——五護陀羅尼（パンチャラクシャー）(図162)

四面八臂で、あらゆる装飾で飾られ、黄金色で、乙女の特質で光り輝く金剛ターラーを観想せよ。この女神は、新鮮な若さの輝きがあり、黄金の耳冠《イヤリング》が揺れ、四仏の大冠をつけ、紅玉《ルビー》の輝きを具えている。四本の右手に、金剛、羂索、矢および法螺貝を持ち、三本の左手に、黄色の蓮華、弓、鉤を持ち、最後の左手は人指し指をのばして威嚇している。第一面は黄金色、南面は白色、北面は赤色、西面は青色で、結跏趺坐に坐す。心の種子から生まれた真言はマンダラの主の口から出て、十の女神に分かたれ、それぞれの女神において種子となる。……かの実践者の心から生まれた種子の文字から変化したこれらのシンボルを種子とともに観想せよ。そして、かの光を伸縮させ、かの種子とシンボルから変化した女神たちが現われるのを見よ。

曼荼羅の神々——仏教のイコノロジー

十六臂のマハーカーラ（大黒）

8——ウク・バハール（図12参照）の本尊シャーキャ・ムニ。「ルドラ・ヴァルナ」とも呼ばれる。

9――チャー・バヒル（図12参照）のターラー像

1 カトマンドゥ Kathmandu 市； 2 パタン Patan 市（ラリタプール Lalitapūr）； 3 バドガオン Bhadgaon（バクタプール Bhaktapūr）； 4 シャンク Śankhu； 5 パルピン Pharping； 6 スヴァヤンブーナート Svayaṃbhūnāth； 7 ボードナート Bodhnāth 〔上記の地図は［Slusser 1982 : Map 3］に基づいて作成したものである〕。

序章

聖なるもののすがた

10——クワー・バハールの大日如来。智拳印を結ぶ。

パンテオンとイコノロジー

「神」あるいは「聖なるもの」はどのような姿をしているのか。その姿あるいは「像《イメージ》」はどのように獲得されるのか。人はその「聖なるもの」の「像」をどのように表現し、それにどのような意味を与えてきたのであろうか。

「聖なるもの」の図像化という古代から連綿と現在に至る行為が、どのような像を生み出し続けたかをわれわれに如実に示してくれる一例として、インド・ネパールにおける大乗仏教の「神々（諸尊）の組織〔パンテオン〕」の紹介とそれらの神々の「図像形態の分析〔イコノロジー〕」を試みたい。

インドおよびネパールでは、他の地域に伝播した仏教と同様、夥しい数の仏、菩薩、女神、護法神などによって構成される仏教パンテオンが成立した。時代とともに仏教パンテオンの神々の種類は増え、それと同時に、それらの「神々」のイメージが図像化されていった。そして、仏教学の一分野としての「諸尊の図像形態の分析《イコノロジー》」の理論が形成、整備されるに至ったのである。「神の像」に関する理論の整備とともに、神々の姿が彫像や絵図に表現されていった。今日まで残されている諸々の作品から推察すると、インド大陸では数多くの仏教の「神々」が彫像や絵図に表現されたと思われるが、今日ではパンテオンを再構成できるほどの作例は残っていない。少なくとも、時代と地域を限定した場合には、現在残っている造型作品によって当時のパンテオンの各構成員のイメージを伝えることは困難である。

ネパールのカトマンドゥ盆地では、しかし今日なお、インドではもはや見ることのできなくなった後期仏教のパンテオンを彷彿とさせるような数多くの尊像が残っている。それらの図像、すなわち、彫像や絵図を再構成することによって、ネパール大乗仏教のパンテオンの図像学的特徴を知ることができる。さらにネパールの仏教パンテオンからはその源泉たるインド仏教のパンテオンを垣間見ることもできる。

「聖なるもの」の図像化

仏や神は、「聖なるもの」として、「俗なるもの」としてのわれわれ人間をなんらかの側面において超えていなければならない。時間的にも空間的にも有限なわれわれと異なるものであるはずだ。確かにシャカは人間として生まれ、人間として死んだ。しかし仏教芸術の歴史は、明らかにシャカが一般の人間とは異なるものとして描かれた時代のあったことを示している。人間と異なるものとして意識された「聖なるもの」が、多くの場合、人間の姿に近い形で、あるいは獣として描かれるというのは、自己矛盾的である。この矛盾は、「聖なるもの」の図像化の際、避けて通れぬ課題であった。

人間を超えた仏や菩薩という存在を人の形に表現することは、仏たちや神々の尊厳を傷つけはしないであろうか。図像に表現したためにかえって神々の威光を衰えさせてしまうことはないだろうか。このような疑問に追いたてられつつ「聖なるもの」を図像化する者はやはり、人の姿に近い像をつくり続けてきたのである。人々を「聖なるもの」の図像化へと駆りたてたものは、疑いもなく「聖なるもの」に近づきたいと願う宗教的情熱であった。

宗教とは、「聖なるもの」と「俗なるもの」との相違を意識した合目的行為である。「聖なるもの」とかかわって「俗なるもの」たる人が行なう行為である。「聖なるもの」と「俗なるもの」とは元来一つの統一体内の両極であり、電流の両極にたとえることができる。プラスおよびマイナスの電極が単独で作用することのないように、宗教現象という統一体の二極としての「聖なるもの」と「俗なるもの」は常に両者が一組となって作用する。電流と電圧は、しばしば高い場所に置かれた水槽から低い場所に置かれた水槽にパイプを通じて流れる水の量と強さにたとえられる。「宗教における二極」の間を流れる「電流」は二極の間の距離が大きければ大きなほど強く流れる必要がある。二つの水槽の高さが同じになれば、つまり、「俗なるもの」が聖化されたり、「聖なるもの」が俗化されて二極間の相違がなくなれば、「電流」は消滅する。

二極間の交わりの様相、電流の流れ方はさまざまである。「聖なるもの」の力に照らし出されて「俗なるもの」が「聖なるもの」との間の距離を知り、その距離を埋めようと修行する場合があり、また行者の眼前に特定の姿をとって現われた「聖なるもの」が本来は行者自身の本質であることを悟って、その「聖なるもの」との一体化を試みるという場合もある。こうした交わりが宗教の本質をかたちづくるのであり、その交わりは常に行為という形で現われる。もっとも「聖なるもの」と「俗なるもの」は常に両者の接近あるいは一体化を目指すわけではない。「聖なるもの」から発せられる力が「俗なるもの」にとって危険なものであることを悟り、その「聖なるもの」からできるかぎり遠ざかるようにする、といった交わりもありうる。宗教的タブーがその例である。

「聖なるもの」との交わり方がさまざまであるゆえに、それぞれの宗教、それぞれの宗派ごとに「聖なるもの」の表現方法は異なっている。ある宗教における神々の像を知ることは、そこにおいてどのような神と人との交わりがあったかを知ることである。「聖なるもの」を図像化する行為は、単に崇拝の対象を造形することにとどまるものではない。インド、ネパール、チベットの仏教において——中国、日本においても同様だが——「特定の姿をとった」神々の像は、行者あるいは実践者に「聖なるもの」の、そして行者自身の本質を知らせ、「一体化」という宗教行為を成立せしめるための重要な手段となった。本書に登場する図像化された「聖なるもの」は、そのような今なお生き続けている儀礼行為において、ネパールの仏教徒が儀礼行為の対象とする神々や、そうした神々のいわば住処としての寺院に描かれあるいは彫られている神々である。

「聖なるもの」と「俗なるもの」

「聖なるもの」という概念を一つの学的概念に育てあげたのは、『聖なるもの』の著者R・オットー（1869―1937）である。彼の言う「聖なるもの」は、戦慄すべきものであり、優越性・力・秘義という要素を有し、魅するものであり、巨怪なるものであり、さらに崇高なるものであった。この「聖なるもの」は、『旧約聖書』の神にみいだされるような非合理的力なのであって、オットー自身が『インドの恵みの宗教とキリスト教』の中で述べているように、献信（バクティ）によって崇められるヒンドゥー教のヴィシュヌ神崇拝におけるものとは異質のものであった。[☆1] しかし、後の宗教学の歴史が証明するように、オットーが育てた「聖なるもの」という概念は、単にユダヤ‐キリスト教的伝統に対してのみではなく、それ以外の伝統に対しても適用できる可能性を有していた。

M・エリアーデ（1907～1986）はその著『聖と俗』などにおいて「聖なるもの」（the sacred）という概念をオットーよりも一層広く用いている。エリアーデは、「聖なるもの」の非合理的な側面にのみ注目するのではなく、「聖なるもの」の全体を扱おうとする。[☆2] 彼はまず「聖なるもの」を「俗なるものの対照をなすもの」と定義し、「俗なるもの」に「聖なるもの」が顕現することが、宗教の根本特質であると考える。彼によれば、自然界のさまざまな事物や寺院や僧侶など、およそありとあらゆるものが、儀礼行為の中で意味を与えられさえすれば、「聖なるもの」となるのである。彼の『宗教学概論』は、太陽、月、川、石などといった自然界の事物が古代人の神話の体系の中でいかに「聖なるもの」としての意味を与えられていたかを詳しく述べている。

R・カイヨワもまたその著『人間と聖なるもの』の中で、「聖なるもの」についてエリアーデと似た考え方を述べている。[☆3] カイヨワにとって、聖なるものの体験は、人間と「聖なるもの」の諸関係として現われる。つまり、「聖なるもの」は、その特性として、ある事物（祭具など）、ある人間（僧侶や王）、ある空間（寺院や宮殿）、ある時間（祭りの日）などに帰属している、というのである。本書における「聖なるもの」という概念は、オットーのそれよりもむしろエリアーデやカイヨワのそれに近い。「俗なるもの」における「聖なるもの」の顕現とか、人間と「聖なるもの」の諸関係といった考え方は、「聖なるもの」の図像化のメカニズムをも浮かび上がらせる。

「聖性」と「聖なるもの」

エリアーデは、「聖なる空間」とか「聖なる石」という表現を用いる一方で、その空間や石などの事物を「聖なるもの」たらしめている力を「聖なるもの」と呼ぶことがある。[☆4] 本書では、そのような力を「聖性」と呼び、その力によって「聖化」された事物あるいは事実を「聖なるもの」と呼ぼう。

古代インドでは、「花が赤い」と言うときには、赤い色という性質（属性）が花という基体の上に存する、というように考えられた。インド哲学の伝統では、このような意味の性質を法《ほう》（ダルマ）、基体を有法《うほう》（ダルミン）と呼んでいる。「有法」とは「法（性質）を有するもの」という意味である。性質とその基体との関係は、「法‐有法関係」と言われる。法と有法とがはっきりと相異なるものであるのか、あるいは区別がないのかはインド哲学史を二分したほどの重要な問題であった。つまり、仏教やヴェーダーンタ学派は性質とその基体との区別を認めようとせず、論理学派（ニヤーヤ）や自然哲学派（ヴァイシェーシカ）は両者の間に厳然とした区別を認めようとしたのである。

「聖性」と「聖なるもの」との関係も、「法‐有法関係」の場合と平行した問題を含んでいる。すなわち、「聖性」という性質（法）が基体としてのもの（有法）に存するとき、その基体は「聖なるもの」となる。たとえば、一本の花というもの（場）に「聖性」という力が与えられる、あるいは顕現するときに、その花は「聖なるもの」としての資格を得るのである。その場合、「聖性」としての力と花という場との関係はさまざまに考えられる。つまり、花という場としてのものに「聖なる力」が宿るのであり、花はその力が存するための容器にすぎず、「聖なる力」そのものは花の形の背後に存する、とも考えることができよう。これは、論理学派や自然哲学派などの「法‐有法関係」の実在論的考え方に近い。一方、「聖なる力」は花そのものなのであって、花弁を開いて柔和な姿を見せる花の背後に「聖なる力」が潜んでいるわけではない、という考え方は仏教などの考え方に近い。もっとも、「法‐有法関係」という哲学的論議は「聖性」に関する論議と厳密に平行関係にある、というのでは決してない。ただ、インド‐仏教世界において――そして、他の世界においても――「聖性」と「聖なるもの」との関係がさまざまに考えられており、この両者を遠く引き離す考え方と両者の区別をなくそうとする考え方、さらにはその中間的な考え方が存在してきたということなのである。

巨視的に見るならば、インド‐仏教世界においては、「聖性」と「聖なるもの」との距離は、ユダヤ‐キリスト教的世界におけるよりは、より近いと考えられていたと言えよう。そのような背景があればこそ、ヒンドゥー教徒たちは「この世界はシヴァ神の踊っている姿である」、「この世界はクリシュナ神が牧童女たちと戯れている姿である」と考え、仏教徒たちは「この世界全体が大日如来の姿にほかならない」と考えることができたのである。われわれの眼前にある世界以外に「聖性」の働く場があるのではなく、この世界こそが「聖なるもの」の姿にほかならない。

「聖性」と「聖なるもの」に関するこのようなインド‐仏教的傾向が、インド‐仏教的世界における夥しい数の「聖なるもの」の図像化を支えてきた。人間を超え、時間を超えた

「聖なる」仏が、人間のつくる、しばしば人間に似た、しかも、まことに小さく、単純な造型の中に顕現することが可能である、という前提がなくては、仏師たちはあれほど熱心に仏や菩薩を刻まなかったであろう。もちろん、彼らとて、石や木の像が生きた仏や菩薩ではないことは充分承知していた。そうした仏像などに超自然的力が宿る必要があると考えていたわけでもない。われわれの眼前に展開される姿や形そのものが「聖なるもの」なのであって、そうした姿や形とは切り離されたところに「聖性」が存するのではないという伝統的思考は、「聖なるもの」を図像に表現する作業を、そうした形での「聖なるもの」との交わりを勇気づけたのである。

「聖性」の位階

「花が赤い」という場合、花の赤さは一様ではない。非常に赤い花もあれば、うっすらと赤い花もある。またその中間の赤もある。このように、赤色という性質には程度の違いがある。同様に、「聖性」にも度合いの違いが見られる。つまり、「聖性」が附与されたもの、つまり「聖なるもの」はすべて常に同じ度合いで「聖なるもの」として機能するのではない。たとえば、寺院というひとまとまりの空間においても最も「聖なるもの」(「聖性」の度の最も強いもの)、中程度に「聖なるもの」、「聖なるもの」としての意味をほとんど有していないものというように、「聖性」の度の相違に基づいて「聖性」の位階が存する。

門を潜り、参道を通って、本堂に達し、本堂の入口から内殿に向かい、内殿に置かれた本尊に参拝する。そして、また同じ道を帰っていく。そのような参拝のあり方に合わせてつくられた寺院においては、内殿の中の本尊が最も「聖なるもの」である。[☆5] 内殿は、本堂の中の他の空間よりもより強度に「聖なるもの」であろうし、本堂が帯びている「聖性」の度合いは参道のそれよりも強い。

「聖性」の位階は、空間のみではなく時間にも現われる。祭りの日という時間において、祭りが始まったばかりの時と祭りがクライマックスに達した時とでは、「聖なる」時間の質は異なるのである。

仏教の神々はその有する「聖性」の度によって位階が定められている。仏、菩薩、女神、護法神、およびその他の群小神などによって構成される仏教のパンテオンでは、仏が最も「聖なるもの」であり、次に菩薩が続く。パンテオンは、仏を中心としてさまざまな位階の聖性を持つ者たちの構成する統一体である。「聖性」の度の最も強い存在――仏あるいは菩薩など――を中心として、そのまわりに「聖性」の度に応じた位置に諸尊を配した図が、マンダラ(maṇḍala, 曼荼羅、曼陀羅)である。さまざまな度合の「聖性」を帯びた仏たちのパンテオンとして、それ自身この上なく「聖なるもの」であったマンダラは、儀礼の際の崇拝の対象であり、行者や信者が(「俗なるもの」が)「聖なるもの」に近づくための手段であった。

第一章 聖性の場としてのカトマンドゥ

11――ハカー・バハールの中庭の法界マンダラ(部分)

ネパールの仏教とネワール人

カトマンドゥ盆地

大乗仏教はインドの地では十三世紀頃に滅んでしまった。だが、開祖の生誕の地であるネパールにおいて、インドから伝えられた大乗仏教が多少の変質はあるにせよ今日に伝えられていることはあまり知られていない。「インドから伝えられた仏教が一度滅び、その後チベットから伝えられたものが今日まで残っている」という主張もあるようだが、今日残されている寺院、彫像、文書、さらには儀礼などを見ると、「インドから伝えられ、そしてチベットにも伝えられたことのあるネパールの仏教がヒンドゥー教の圧力の下にではあるが、今日に残っている」という主張の方が正しいと思われる。

ネパールの国は、南と西をインド、北をチベット自治区、東をブータンに囲まれている。ヒマーラヤ山脈（大ヒマーラヤ）がチベットとの境界を走っており、八〇〇〇メートルを越える高峰が連なっている。それらの山は常に雪をいただき、「ヒマ（雪）・アーラヤ（場）」つまり「雪の場」という命名ももっともだと頷かせる。ネパールの領土はこのヒマーラヤ山脈を北の境にして東西に約八〇〇キロメートル、南北に約二〇〇キロメートルという細長い形をしている。この細長い領土は、ヒマーラヤ山脈の南側の斜面にあたるが、自然的条件からは、山岳地帯、高原地帯、および平地の亜熱帯地方という三つに区分することができよう。[☆1] この区分が、ネパールの東部、中央部、西部という文化的な区分と組み合わされて、ネパール各地域の特色を生み出している。ネパールの政治・文化の中心は、高原地帯の中央部にあるカトマンドゥ盆地（ネパール盆地）である。

ネパールの歴史[☆2]

四世紀から九世紀にかけてネパールはリッチャヴィ Licchavi 族の王によって支配されたが、この王朝下では、仏教とヒンドゥー教が共存していた。七世紀中葉、仏教の保護者アンシュヴァルマン Aṃśuvarman が王位につき、娘ブリクティーをチベット王ソンツェンガムポに嫁がせたが、この王女は、チベットにインド系の仏教を伝える役目を果たした。九世紀から十一世紀末頃までのネパールでは、タークリー Ṭhākurī 王朝が栄え、その後、一四八二年までは初期マッラ Malla 王朝の時代であった。一四八二年にカトマンドゥではラトナマッラ Ratnamalla が、バドガオンではラヤマッラ Rayamalla が即位してまず二つの王朝が生まれた。パタンはカトマンドゥの支配下にあったが、一六二〇年にシッディナラシンハマッラ Siddhinarasiṃhamalla が王位についた後は、三国分立の時代に入った。このマッラ三国時代（後期マッラ王朝時代）は一七六八年まで続いた。

十三世紀から十八世紀のマッラ王朝下では、カトマンドゥ盆地に古くから住むネワール Newar 人の豊かな農産物、手工業、貿易の中継などによって富が蓄積された。三つの王国は競い合って仏教やヒンドゥー教の壮大な寺院を建て、美術、工芸の発達を奨励した。この時期までにすでに密教の色彩を濃くしていた仏教は、一方、この王朝下でヒンドゥー教と以前にもましてより一層接近する。仏教徒たちは職種を中心としたカースト制度を取り入れ、仏教僧たちは妻帯して司祭カースト・グバジュ（ヴァジュラ・アーチャールヤ）となった。

十七世紀中葉、ヒンドゥー教徒のパタン王ナラシンハ Narasimha（一六二〇—五七年存位）は仏教を攻撃した。一七六八年にはインド系のプリティヴィ・ナーラーヤナ Prithivi Nārāyana がカトマンドゥ盆地全域を征圧してゴルカ Gorkha 王朝（シャー Shah 王朝）を樹立し、現在に至っている。この王朝は代々、女神崇拝を中心に、シヴァ派とヴィシュヌ派両派の要素をも含んだ総合的なヒンドゥー教を信奉し、仏教徒に圧力を加えてきた。この結果、ネパールにおけるヒンドゥー教の優位は決定的となり、仏教徒はヒンドゥー教の儀礼の多くを自分たちの宗教形態の中に組み入れざるをえなかった。

ネパールの大乗仏教

ネパールにおける仏教徒は、四種類に分けることができる。すなわち、(一)ネワール人を中心とする、インドから直接伝えられた伝統的仏教、(二)一九五九年のチベットにおける政変以来、ネパールに亡命したチベット人たちの仏教、(三)今世紀になって導入された南方のテーラヴァーダ仏教、および(四)この数世紀以上にわたってチベットからネパールの山岳地帯に浸透していったチベット仏教である。もっとも(二)と(四)とは共にチベット仏教ではあるが、(二)がカトマンドゥ盆地を中心とした集団を形成しつつあるのに比べ、(四)はカトマンドゥ盆地においてよりもむしろ東部および西部ネパールの山岳地帯、さらには高原地帯においてシャルパ人、マナン人、タマン人などの間に広まっている。

(三)の仏教は、少なくともネパールにおいては重要なものを残してはいない。(一)の仏教は、チベット仏教——(二)あるいは(四)のチベットにおける形態——のかつての美術と工芸の源泉であった。寺院内部を美術工芸品で飾るようになった十一〜十二世紀以降のチベット仏教はネワールの絵師や職人から教えられたのである。[☆3] 今日でも、たとえばカトマンドゥから北上したギャンツェのペーコルチューデ寺院には、ネワール様式のマンダラ図が数多く残されている。[☆4]

インド大乗仏教の伝統を受け継いだネワールの仏教徒は、ヒンドゥー教の圧迫を受けながら、またそこから少なからぬ影響を受けながらも、彼ら自身のパンテオン、仏たちに関する図像学上の伝承を護持してきた。約四十万人[☆5]と推定されている大半はヒンドゥー教徒であり、ネワール仏教徒の数は十万近くであろう。しかし、彼らが受け継ぎ現在もそれを生きている仏教の中で「仏たちの姿」が今日もなお守られているのである。

ネパール仏教のパンテオン

ネパールの仏教を支えてきたネワール人の言語は、印欧語に属するのではなく、チベット・ビルマ語系に属する。しかし、ネワール仏教のパンテオンはまさにインド後期密教のそれであり、仏の名称もわずかな違い、たとえば、ヴァジュラ(vajra、金剛)とバジュラ(bajra)との混同をのぞけば、サンスクリット名が用いられてきた。厖大な数のサンスクリット写本がネパール盆地に残されており[☆6]、今日もネワール僧たちはサンスクリットの経典を仏塔の前で読誦しているし、またカトマンドゥのセト・マツェーンドラ寺院の本堂の四面に描かれている一〇八の観自在の中には、インド伝来の正統な観自在のほとんどすべてが含まれている。

ネワールの仏教徒は、チベットなどの他の国の仏教徒と同様に、自分たちの尊崇する諸尊のイメージ集をつくった。今日も仏教およびヒンドゥーの図像集が数多く残されており、「チトラ・サングラハ」(citra-saṃgraha)つまり「図像集」はネパール考古局の写本コレクションの中の一ジャンルである[☆7]。それらの図像集の多くは完本ではない。けれども、ネワールの人々が自分たちの仏のパンテオンを一貫した手法によって描こうとしていたことを窺わせる。カトマンドゥに住む現代の絵師たちも諸尊の図像学的特徴等の表現方法を身につけており、『観想法(成就法)の花環』*Sādhanamālā*や『完成せるヨーガの環』*Niṣpannayogāvalī*などのサンスクリット・テキスト[☆8]やネワール人に伝わる儀軌——ほとんどがサンスクリットのものである——に従ってインドの「密教」(仏教タントリズム)のパンテオンの多くの図像を描くことができる。このようにネワール仏教の伝統は生きているのである。

インド・ネパールの密教の諸尊はさまざまな方法で分類することができようが、本書では次のような仕方でネワール仏教のパンテオンの構成員の分類をしてみたい。

(Ⅰ) 仏
(1) シャーキャ・ムニとその変身
(2) 僧形の五仏
(3) 菩薩形の五仏
(4) 金剛薩埵[☆9]
(5) 燃燈仏
(6) ヘールカ
(Ⅱ) 菩薩
(Ⅲ) 女神
(Ⅳ) 護法神(明王)
(Ⅴ) 群小神(天)およびその他

インドおよびチベットの仏教パンテオンの分類もこれとほぼ同様に考えることができる。チベットの場合には、しかし、忿怒の姿をとる「秘密仏」ヘールカ——時には柔和相をもとるが——や同じく恐ろしい姿をとった護法神がネワールの場合より重要な位置を占めている。

神々の住処カトマンドゥ

町の「住人」としての神々

さきに述べたように、カトマンドゥ盆地には、カトマンドゥ、パタン、バドガオンの三都市が栄えてきたが、ネワールの仏教もこの三つの都市を中心にして発展してきたのである。[☆10] カトマンドゥの南方にパタンがあるが、今日ではこの二つの都市は隣接している。バドガオンはカトマンドゥの東約二〇キロメートルの地点にある。これらの都市の旧市街部は古い町並みを残しており、寺院も多い。建物が四角い中庭を囲むビハール様式のもの、中国や日本の塔に似た層塔の様式を有するもの、インド・チベット式のストゥーパ、あるいは町角につくられた小さな社などさまざまな様式が見られる。

この盆地に足を踏み入れたものは、たちまちにしてかの地が「神々の像」によって占拠されていると思うにちがいない。種々の様式の「場」あるいは「座」においてさまざまな種類の「聖なるもの」の像が町の中に住んでいるからだ。石製のストゥーパの四面に彫られた仏たち、寺院の屋根を支えるほおづえ(*strut*)に刻まれたヒンドゥーや仏教の神々、寺院の正面入口の上にある半円形のトーラナ (toraṇa) の浮彫に見られる神々、さらには四辻の小さな社に祀られた土着の神々がカトマンドゥの町の住民として住んでいる。

地上に住処を持つ神々

仏教以前に勢力のあったヴェーダの宗教においては、神々の像はつくられなかった。インドラ、アグニなどの神々は天界に住むと信じられ、祭式の度に祭官たちは招いて供物を差し出したり、火神を使者として天界へと供物を運ぶべく、火の中に供物を投げ入れたのである。今日残っているヴェーダ祭式のテキストによるかぎり、ヴェーダの儀礼において神々の像が重要な役を果たしていたとは考えられない。『リグ・ヴェーダ』において、たとえば英雄神インドラの姿についての記述はあるにせよ、その記述によってインドラ神の姿の明確なイメージを描くことはほとんどできない。『リグ・ヴェーダ』は、しばしば「英雄神インドラは火神アグニなり」と言う。これは、後世、ヒンドゥー教や仏教においてそれぞれの神が彫像に表現されたようには、『リグ・ヴェーダ』の詩人たちが、インドラやアグニなどの個々の神のイメージを考えていなかったことを物語るものであろう。

ヒンドゥー教の時代に入ると、神々は地上に降り立って、それぞれの「住処」を求めるようになった。サンスクリット語で「神《デーヴァ》の場《アーラヤ》」(deva-ālaya)とは寺院のことである。正統なヒンドゥーの神々と土着の神々との融合、あるいは同一視がはじまると、「神の場」の意義はますます大きなものとなった。ネパールの国教はヒンドゥー教であり、カトマンドゥ盆地の三都市それぞれの旧王宮にはタレジュ Taleju と呼ばれる女神の寺がある。この女神はカーリー女神に似た恐ろしい女神として描かれる一方、ではドゥルガーの化身であるとも信じられている。この女神崇拝を導入した人物は、「一三二五年頃にティールフトからきたサンスクリット文学の保護者ハリシンハ王」である。[11]それ以来、この女神はマッラ族の「部族神」(kula-devatā)として尊崇されてきた。カトマンドゥ盆地の王宮にタレジュの神殿がつくられて以来今日まで、かの三つの旧王宮は恐ろしき女神タレジュの住む「場」なのである。

仏教の諸尊についても事情は同様である。過去仏(シャーキャ・ムニ以前に存在した、とされる仏たち)の一人であるディーパンカラ Dīpaṅkara 仏はカトマンドゥを訪れたと伝えられており、それを記念する行事がいまも続けられている。カトマンドゥの西北の丘に立つスヴァヤンブーの仏塔にまつわる伝承を集めた『スヴァヤンブー・プラーナ』*Svayambhū-purāṇa* はこの仏塔を「仏の住処である聖なる法界」と呼んでいる。[12]このように、ネワールの人々はカトマンドゥの地に仏たちを住まわせることに成功し、その「住処」を中心にしたさまざまな儀礼を行なってきたのである。人々はビハール様式の建物に囲まれた中庭で、あるいは建物の内部で、それぞれの尊崇する神を、右まわりにまわりつつ祈りを捧げる。またスヴァヤンブーなどの大きなストゥーパ(ヒンドゥー教徒にあってはリンガ)、寺院の境内に見られる小さなストゥーパのまわりをまわる。時としてストゥーパの前で護摩を焚き、供物を捧げる。

カトマンドゥ盆地の仏教寺院

カトマンドゥ盆地には千に近い数の、仏教あるいはヒンドゥー教の寺院がある。ほとんどがかの三大都市に集中しているが、これらの寺院の一覧とも言うべき著作が最近出版された。プルシャ Pruscha 編『カトマンドゥ盆地』*Kathmandu Valley*, Anton Schroll, Vienna, 1975, 2 vols. である。この書は、ほとんどすべての寺院をとりあげて通し番号をふり、説明を加えている。これによってわれわれは各寺院の名称、位置、簡単な歴史を知ることができる。

盆地内の寺院建築は層塔形式、ビハール形式、ストゥーパ形式(インド古来の単純な塔形式)が一般的である。ビハールとは、古代・中世インドの僧院の中の宿房《ヴィハーラ》(vihāra)に由来するが、ネパールでは中庭を囲む、二、三階の四角い建物を言う。これにはバヒ(あるいは、バヒル)とバハ(あるいは、バハール)とがある。前者は、木造のバルコニーや、本堂正面などに回廊があるが、後者にはそれらはない。[13]両者の折衷とも言うべきバハ・バヒも存する。ビハール形式の寺院では一般に入口の対面に本堂がある(図17・20参照)。

カトマンドゥ市の西北の丘の上にスヴァヤンブー寺院、市内にはセト・マツェーンドラ寺院(ジャナ・バハール)やチュシュヤー・バハール寺院などがある。パタン市では、クワー・バハール、ハカー・バハール、ウク・バハール、ブ・バハールなどがよく知られている(図12参照)[14]。

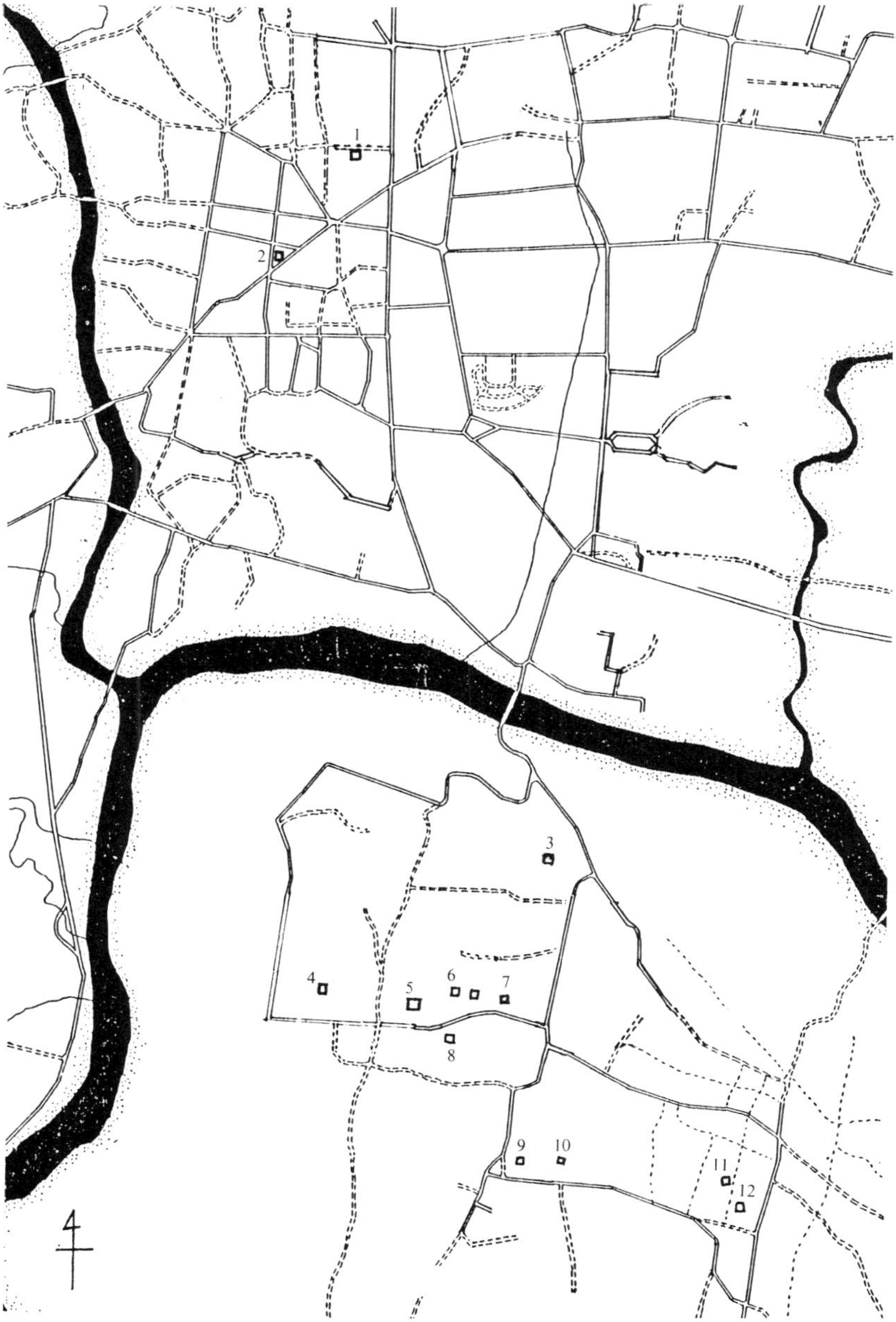

1. チュシュヤー・バハール；2. セト・マツェーンドラ（ジャナ・バハール）；3. クワー・バハール；4. シ・バヒル；5. ブ・バハール；6. ワナー・バハール；7. ダウ・バハール；8. ハカー・バハール；9. ラト・マツェーンドラ；10. ミンナート；11. マハー・バウダ；12. ウク・バハール［註☆14参照］

12———カトマンドゥ市およびパタン市地図

「聖性」の場の分類

すがたを与えられた「聖なるもの」としての仏や菩薩たちは、寺院や祠堂の建築様式などに従いながら、パンテオンの中の構造を反映するようなかたちで配列されている。一般には、本堂の内殿の中央にその寺院の本尊が置かれ、そのまわりをその本堂の構造に従って菩薩や護法神の像が置かれる。

カトマンドゥ盆地では今日なお機能している寺院や祠堂の中にさまざまな「神々の座（場）」を見ることができる。寺院建築の構成要素の中では、たとえば、

（一）仏塔（チャイトヤ caitya あるいはストゥーパ stūpa）の側面、

（二）トーラナ（toraṇa, 入口の扉の上の半円形の飾り）、

（三）本堂正面の扉あるいは壁、

（四）ほおづえ、

（五）マンダラ〔台〕

が「神々の座」として作用している。

「神々」はそのような「座」を占めることによって「神々の住処」の中のメンバーとなる。寺院などの建築は、その中に住む神々の系列に合わせてつくられた立体マンダラなのである。ネワールの宗教建築の内部に身を置けば、今日もなお、かの「立体マンダラ」の中でそれぞれの「座」を占める諸尊の像に出会うことができる。

チャイトヤあるいはストゥーパ

チャイトヤの歴史は古く、シャーキャ・ムニの誕生以前から、部族の儀礼場あるいは族長の墓として村や町からすこし離れたところにつくられていた。鉢を伏せたような形で、その上に樹木が植えられていた。シャーキャ・ムニの遺骸は荼毘に付された後、その遺骨を祀るために幾つかの部族がストゥーパをつくり、祭りを行なった、と伝えられる。チャイトヤとストゥーパは元来は別のものであったのであろうが、この二つのものは古くから混同あるいは同一視されてきた。

サーンチー、バールフトなどの初期のストゥーパに見られる浮彫では、ストゥーパは涅槃に入ったシャーキャ・ムニのシンボルである。後世、仏像が崇拝行為の対象となるまでは、ストゥーパが仏教徒の礼拝の対象であった。

カトマンドゥ盆地にも大小さまざまの数多くのストゥーパがあり、今日も仏教儀礼の多くの部分がこれらを中心として行なわれている。たとえば、ネワールの人々はしばしば、とくに七月から八月にかけてのグンラ Gunla の祭りの時には頻繁に盆地の西北にあるスヴァヤンブー Svayambhū ——ネワール人の間では「ソエンブー」と呼ばれる——の仏塔に集まり、塔を右まわりにまわりながら、仏たちを供養する。また誕生祝いのために町角のストゥーパの前でしばしば護摩が焚かれる。

13——スヴァヤンブーの仏塔

「スヴァヤンブー」とは「自ら生ずるもの」を意味し、ヒンドゥー教の三主要神であるブラフマン、ヴィシュヌ、シヴァのいずれをも意味する語であるが、この名称はしばしば宇宙を創造する神、あるいはそこから宇宙が展開する根本物質を意味した。ネワール仏教徒にとって、スヴァヤンブーの仏塔は本初仏 Ādibuddha の塔と言われる。[☆15] この仏には宇宙の創造者としての機能が認められているが、仏教は元来、創造神や「自ら生ずるもの」の存在は認めないのであるから、これはヒンドゥー教の影響によるものであろう。

カトマンドゥ盆地では、

市中の仏教寺院の境内、町の四辻あるいは一般の家の中庭などにしばしばチャイトヤが見られる。カトマンドゥの旧市街にいわゆるビハール形式の寺院ジャナ・バハール Jana Bahāl がある。狭い境内の中にもさまざまな形の四〇あまりのチャイトヤが並べられている。この寺院のチャイトヤはスヴァヤンブーの仏塔およびそのまわりの小塔と異なり比較的新しく、今世紀に入ってからのものが半数以上を占めている。残っている銘からわかるかぎりでは十七世紀、十八世紀のものもある。[☆16] 写真14はそうしたチャイトヤの一つであり、その側面には仏などの像が彫られている。チャイトヤに仏などの姿が刻まれるのは、インドにおける初期の窟院、たとえば、バージャーやカールラーにおいてはまだ見られないが、後世のアジャンターやエローラの窟院ではしばしば見られることである。チャイトヤの側面は、仏や菩薩の「住処」として適した空間であるが、とくにカトマンドゥ盆地のほとんどのチャイトヤには、仏や菩薩の像が刻まれている。[☆17]

　この写真14のチャイトヤの上方に見られるのは阿弥陀仏であり、両手を膝の上で組み合わせた印(定印)を結んでいる。下方には蓮華を左手に持った観自在菩薩が見られる。写真15はチャイトヤ西面を示している。

　写真15は、パタン市の北部にある

14――ジャナ・バハールの境内に立つチャイトヤ。

15――クワー・バハールの中庭に立つチャイトヤ。背後にそびえるのは本堂である。

クワー・バハール Kvā Bahāl の中庭にあるチャイトヤである。これは方形で、層塔形式を有してはいるが、スヴァヤンブーの仏塔に捧げられたものと言われている[☆18]。屋根の上には段のついた平頭があり、屋根の下には小さな部屋があり、四つの扉がある。四方の扉のそれぞれの上には、半円形のトーラナがあり、それぞれの方角と結びついた仏たちの浮彫が見られる。

チャイトヤのまわりにはりめぐらされた欄楯に相当するものの上には、仏や菩薩たちの小さな影像が多数並べられている（写真37参照）。このようにこのチャイトヤは、一つのマンダラを構成するが、諸仏の配置がスヴァヤンブーの場合と似ていることは注目に価する。このチャイトヤをとりかこんで本堂や講堂がある。建物が金色に塗られているところから、金色寺とも呼ばれている[☆19]。

16——ハカー・バハール（図12）の本堂入口のトーラナ。中央はシャーキャ・ムニ。

トーラナ

ネパールの寺院の入口の上には半円形のトーラナ（toraṇa）が置かれるのが一般的である。これはインドの建築様式を伝えていると思われる。たとえば、サーンチー第一塔東門の浮彫に見られるように、古代インドの家屋の入口の上部には上が尖ったアーチがつけられていたが、この起源は「原始的な竹の骨組みに草を葺いた切妻屋根の妻の形」であろう。[☆20] このアーチが、トーラナとして今日もネパールの寺院建築の要素として残っているのであろう。トーラナは、インドでは一般に、サーンチーにおけるように、仏塔あるいは寺院の門の外側に立つ鳥居形の門として現われる。ネパールでは、この種の塔門は発達しなかった。

トーラナの半円の上部には、ガルダ（garuḍa）鳥——あるいは、キールティムカ（kīrtimukha）という獅子に似た想像上の獣——が二本の手——あるいは爪——で左右に二匹の蛇をつかむ。その蛇の上半身はしばしば人間の姿をとるが、下半身はそれぞれ左右の弧を囲むようにして降りる。左右の下部にはそれぞれ海獣マカラが口を上に大きく開けている。ガルダ鳥あるいはキールティムカ獣は天空を、蛇は宇宙創造の時の未分化の世界をとりかこむ原初時の「蛇」を、マカラは世界の下部、海と陸を示している。このような「宇宙的枠」はネパールの仏たちの重要な住処である。[☆21]

17——ダウ・バハール（図12）の本堂正面

本堂正面

バハール様式の寺院の本堂正面も神々の「座」である。正面入口の扉の上には必ずと言ってよいほどトーラナが置かれ、トーラナをはさんで左右に三角の金属製の旗が立てられている（図17、18、20）。扉の左右にはしばしば仏弟子、観自在とターラー女神、あるいは四天王の中の二尊などの像が置かれる。

ダウ・バハール

パタン市の旧王宮近くに仏教寺院ダウ・バハールがある（図17）。ここの本尊は弥勒仏であり、一七八六年に写真中央のトーラナが寄進された、という記録が残っている。[☆22] この寺院の本堂正面はバハール様式の典型を示しており、トーラナの左右に旗があり、扉の左右に二人の仏弟子の像がある。[☆23] 正面向かって右（図17右端）には、観自在像が見られる。写真17は一九八四年八月のものであるが、一九八六年一月にはトーラナの上方に八大菩薩を描いた八本のほおづえが置かれてあった。[☆24]

ウク・バハール

ウク・バハールはパタン市において最も有名な仏教寺院の一つである。パタンの歴代の王の灌頂儀式が行なわれた場所として知られており、この寺院に関する記録は、一六五三年まで

18———ウク・バハール本堂正面。写真1，72，240–246，248参照。

19———ウク・バハールの中庭と寺院の入口。

20——ハカー・バハール（図12）の本堂正面。

遡る。[☆25] ネワール人の中の一カーストであり、金物細工や仏像造りなどを職業とするサキャ族がこの寺院を支えている。この一族の中から一年交代で堂守が選出されて、毎日の勤行、満月の日ごとの特別の儀礼が行なわれている。

この寺の本尊はシャーキャ・ムニ（図8）であり、「ルドラ・ヴァルナ」の名で親しまれている。図18はこの寺院の本堂正面を示すが、扉の前に仏塔や金剛の台があり、扉の両側には日と月、ガンジス河、ヤムナー河、龍女などの像（図242―245）、観自在像（図72）、マーヤー夫人像（図248）などが置かれてあり、本堂正面は一つの宇宙《コスモス》を示している。

ハカー・バハール

ハカー・バハールもパタン市の重要な仏教寺院である。この寺院の本尊はシャーキャ・ムニであり、本堂のほおづえは一六六八年の作と伝えられる。[☆26] 本堂正面（図20）の扉の上にはトーラナがあり、その中央には「仏」すなわちシャーキャ・ムニ、その向かって左および右にはそれぞれ「法」と「僧」とを具現する般若仏母（95ページ）と観自在（図72―105）の浮彫がある。トーラナの上には向かって左から仏弟子舎利弗、般若仏母、五仏（37ページ）、観自在、および仏弟子目連（図240）の浮彫が横一列に並ぶ。さらにその上には、向かって左から六波羅蜜（布施、持戒、忍辱、精進、禅定、および智慧）を象徴する像が並ぶ。こうして「本堂正面」も仏教パンテオンという宇宙《コスモス》をつくる。

ほおづえ

ネパールでは木材とレンガを組み合わせてつくった寺院が多く、屋根には瓦が用いられる。屋根を支える構造はかなり簡単で斜めに走る屋根は「ほおづえ」と呼ばれる角材によって支えられる。それは下の端を家の軒の梁に置き、上の端は屋根の裏側にわたされた木材を支えている。ちょうどほおづえをついて顎を支えるに似ているのでこの名称がついたのであろうが、この屋根を支える長方形の木材にさまざまな尊像が彫られている。時には、別につくられた像がほおづえの上にとりつけられることもある。ほおづえが小さく、金メッキをした銅版が上にはられているような場合には、金属製の像がとりつけられる。

ほおづえが用いられるのは寺院に限ったことではなく、一般の住宅にも用いられており、簡単な花模様などが彫られている。しかし神々の像が見られるのは、ごく最近のホテルなどを除けば、寺院に限られる。

ほおづえの発達はネパール建築の特徴であり、ほおづえがネパールの仏たち——ヒンドゥーの神々も同様であるが——の重要な住処なのである。ここに神々は立って、それぞれの寺院の中尊をとりまき、マンダラを形づくっている。通りに面して並ぶ彼らはカトマンドゥの町の住人なのである。

21——チュシュヤー・バハール本堂正面のほおづえ。写真54 57参照。

22———セト・マツェーンドラ層塔正面のほおづえ。写真78-79参照

壁画

カトマンドゥ盆地の寺院——ヒンドゥー教のそれも含めて——には壁画はそれほど多く残されていない。それでもパタン市の中心街にある仏教寺院には比較的多く壁画が残っている。ビハール形式の寺院正面の入口の上、あるいは両脇に五仏やシャーキャ・ムニと菩薩などが描かれている。写真23はパタン市のシュリー・バッチャ・マハービハール Śrī Baccha Mahābihār（シ・バヒル）の本堂に向かって左側の壁画を示している。向かって左から、文殊（写真106）、般若仏母（写真139）、シャーキャ・ムニ（写真26）、ターラー（写真149）、およびヴァスダーラー（写真168）の五尊が描かれている。これらの五尊は、ネパールでは代表的な尊格である。

23——文殊、シャーキャ・ムニなどの壁画。

マンダラ台

カトマンドゥでは、金メッキを施した銅製あるいは石製のマンダラ台が盆地の寺院の中庭に見られることが多い。中央がわずかに盛り上った円盤に線画でマンダラが描かれており、しばしばこの円盤を蛇がとりまいている。これは、宇宙創造神話にしばしば登場し、まだカオスの状態にある「未開展の世界」を抱きしめる原初の蛇である。マンダラの描かれた円盤と蛇は、蓮華にのり、その下には観自在などの像が刻まれた八角の台がある。写真24は、パタン市の仏教寺院シ・バヒルの中庭に見られるマンダラ台である。後方に見えるのは、ヴァジュラ（金剛）を載せた台である。この金剛台も盆地ではしばしば寺院の境内に見られる。☆27

24——マンダラ台。しかし「マンダラ」とのみ呼ばれている。

第二章 仏

25———大日如来の乗物としての獅子
(スヴァヤンブー仏塔，図34)

シャーキャ・ムニとその変身

ネパール仏教のパンテオンの中心はやはりシャーキャ・ムニ仏である。ネパール仏教寺院にはしばしば、両手を前で組み合わせた定印あるいは右の掌を自らの身体に向け指先を大地に触れさせた触地印、を有する僧形——あるいは、如来形とも言われる——のシャーキャ・ムニ像が本尊として置かれている。一般家庭のいわゆる「仏壇」においても僧形のシャーキャ・ムニの坐像が見られることが多い。

ネパールに仏教がインドから伝播したのは、リッチャヴィ王朝の中期であった。インドの仏教タントリズムが興隆するのは、六、七世紀である。したがってネパール仏教は、仏教タントリズムの興隆によってマンダラなどが盛んにつくられる以前の仏教を知っていたと思われる。カトマンドゥ盆地には、タントリズムの影響の見られない、リッチャヴィ期のシャーキャ・ムニ石像も残っている。☆1

26——シ・バヒル壁画（写真23）のシャーキャ・ムニ

インド、ネパール、さらには中央アジアや中国においても大乗仏教の興隆と共に急速にシャーキャ・ムニのイメージは変化していった。すなわち、シャカ族の王子に生まれ、菩提樹の下で悟りを開き、ガンジス河中流域で教えを説いた、というような歴史的存在としての要素を少なくし、シャーキャ・ムニの歴史的生涯とは別の「生涯」——あるいは「神話」——を有する仏として生まれかわっていったのである。

たとえば、「世自在王のもとで修行を積んだ法蔵菩薩が後に阿弥陀仏となった」という「神話」は、シャーキャ・ムニの成道という歴史的事実を踏まえてはいる。しかし、阿弥陀仏にはシャカ族の王子であったという要素はすでにない。それは、一層の「高み」——つまり、「聖性」の度合いをより一層強めた存在——に登るためにシャーキャ・ムニの生涯における歴史的個差を切り捨てた——すなわち、「微分」した——姿なのである。☆2『阿弥陀経』は大乗経典の中、成立の最も早い時期に属し、現在の形は紀元一—二世紀までには成立していたと考えられる。☆3インドにおいて阿弥陀像がいつ頃からつくられるようになったかは明らかではないが、ともかく、三、四世紀以降、大乗仏教は、シャーキャ・ムニのイメージを変化させ、阿弥陀などの多くの仏の像を生んでいった。もっともカトマンドゥ盆地で今日われわれが眼にすることのできる仏像のほとんどは、タントリズムの影響を受けたものである。

27——ウク・バハール（図12，18，241）の本堂正面のトーラナ中央に見られるシャーキャ・ムニ像。触地印を結ぶ。

29——宝生如来（南）

28——阿弥陀如来（西）

30——大日如来（中央）

32——阿閦如来（東）

31——不空成就如来（北）

［**表1**］

図番号	方角	如来名	身体の色	印相	乗物	シンボル(3)
図30	中央(1)	大日	白	転法輪印(2)	獅子	法輪
図32	東方	阿閦	青	触地印	象	金剛
図29	南方	宝生	黄	与願印	馬	宝珠
図28	西方	阿弥陀	赤	定印	孔雀	蓮華
図31	北方	不空成就	緑	施無畏印	ガルダ鳥	二重金剛

(1)　後期には，たとえば秘密集会マンダラにおけるように大日と阿閦の位置が入れかわることがある。
(2)　カトマンドゥでもまれに智拳印を結ぶ（図10，46ページ参照）。
(3)　シンボルは五仏それぞれの台座の中央に表現される。

僧形の五仏

シャーキャ・ムニのほか、その変容であるさまざまな仏身たちが、ネワール仏教のパンテオンを飾っている。それらの仏の中で、一つのティームを構成する「五人の仏」つまり「五仏」がとくに重要である。

五仏（大日 Vairocana, 阿閦〔婆〕Akṣobhya、宝生 Ratnasaṃbhava, 阿弥陀 Amitābha（無量光）、および不空成就 Amoghasiddhi）の中、大日を除く四仏の名称は四世紀には知られていた。☆4 七世紀頃までには、シャーキャ・ムニを中心とし、そのまわりに四仏が配せられるマンダラの原型が成立するが、多分七世紀以降に大日が中心となり四仏がまわりに配せられるという、胎蔵（garbhodbhava）あるいは金剛界（vajradhātu）マンダラの基本形ができあがった。おそらくは胎蔵マンダラがまず成立し、それ以後に金剛界マンダラが成立したのであろうが、この二つはむしろ独立した二つの系統に属した。胎蔵マンダラは、インド、ネパール、チベットにおいてはそれほど勢力をもたなかった。カトマンドゥ盆地においては胎蔵マンダラはまず残っていないであろう。大日を中心とし、阿閦、宝生、阿弥陀および不空成就がそれぞれ東、南、西、北に配せられた構図が金剛界マンダラの基本であるが、八世紀以降のインドおよびチベットでは、このマンダラおよびこれの発展したものが最も重要なものとなった。ネパールにおいてもこの金剛界系のマンダラがよく用いられた。たとえば、後に述べるようにスヴァヤンブー仏塔は一つの金剛界系のマンダラを構成している（図34）。ネパールでよく知られている法界（dharmadhātu）マンダラも金剛界マンダラの発展系列の上にある（図53）。

五仏はさまざまに彫られ、また描かれて、寺院建築あるいはマンダラの中心を占めるが、それぞれの仏の「図像学的特徴」は定まっており現在まで伝えられて

33——ダウ・バハール（図12）の門に描かれた五仏。上方は金剛薩埵。

いる。図28—32は現代の絵師の描いた仏たちの図像である。☆5

図28—32の仏たちは印相と光背を違えるのみであるが、印相の違いがそれぞれの仏の目印となる。図28の仏は両手を膝の上で組む印相（定印）を有しているが、これはかなり古い時代から西方に住む仏と考えられてきた阿弥陀仏の印である。「阿弥陀」とは「アーミタ」（a-mita）つまり「無量の」という意味であり、この仏は無量光 Amita-ābha あるいは無量寿 Amita-āyus とも呼ばれる。

図29の仏は、手のひらを自分の身体とは反対の方に向け、願いをかなえる仕草（与願印）をする。これは宝生如来の印である。南方を守護するこの仏は、名称の示すように富を司る尊格である。図30の仏は説法をする仕草（転法輪印）をする大日如来であり、中央に位置する。日本におけると同様、五仏の中心的存在である。図31の仏は北方を守護する不空成就如来であり、相手の恐れやいらだちを鎮める仕草（施無畏印）をしている。五仏の中では比較的成立が新しいこの仏の光背はしばしば蛇でできている。図32は阿閦如来を示すが、この名称は「動じないもの」を意味する。これはシャーキャ・ムニが悟りを開いて他のいかなるものにも動じない境地に達したことを意味している。この如来の右手を大地につけた仕草（触地印）は、悟りを開いたシャーキャ・ムニがこの仕草によって大地の神に自分が魔神を打ち負かしたことを告げた、という伝承によっている。これらの図には描かれていないが、僧形の五仏はしばしばそれぞれの乗物である動物とともに描かれる（表1）。

五仏が一列に横に並んで寺院の入口に描かれることもあるが（図33）、その時の順序は、向かって右から不空成就、阿弥陀、大日、阿閦、宝生である。一列に並んだ五仏図はネワールの仏画にしばしば現われる☆6（たとえば図162、207）。

スヴァヤンブー仏塔の五仏

ネワールの仏教徒たちにとって最も「聖なる」場であるスヴァヤンブーの仏塔はそれ自身、五仏を配したマンダラを形づくっている。[☆7] 図34に見られるように、この仏塔の側面には九つの龕があり、その五つは五仏の銅像を納めている。残りの四つには大日を除く四仏の妃の像が見られる。かの五仏の像は僧形であり、それぞれの仏に特徴的な印を有している。また、五仏のそれぞれには乗物としての動物が定められていることはすでに述べたが、この仏塔の場合にはそれぞれの仏は乗物としての動物の上には坐していない。そのかわりにこの五仏の龕の下に小さな龕があり、それぞれの仏の乗物の像（銅製）がある。[☆8] 中尊である大日如来の龕は仏塔の中でも頂上でもなく阿閦のそれに向かって左隣りにつくられている。

五仏それぞれを納める龕の上にはトーラナがあり、それぞれの印相を結んだ五仏の浮彫がある。残りの四つの龕にもそれぞれの妃の銅像が納められ、五仏の場合と同様に、それぞれの龕の上には妃の姿を刻んだ浮彫のあるトーラナが見られる（図141—148参照）。

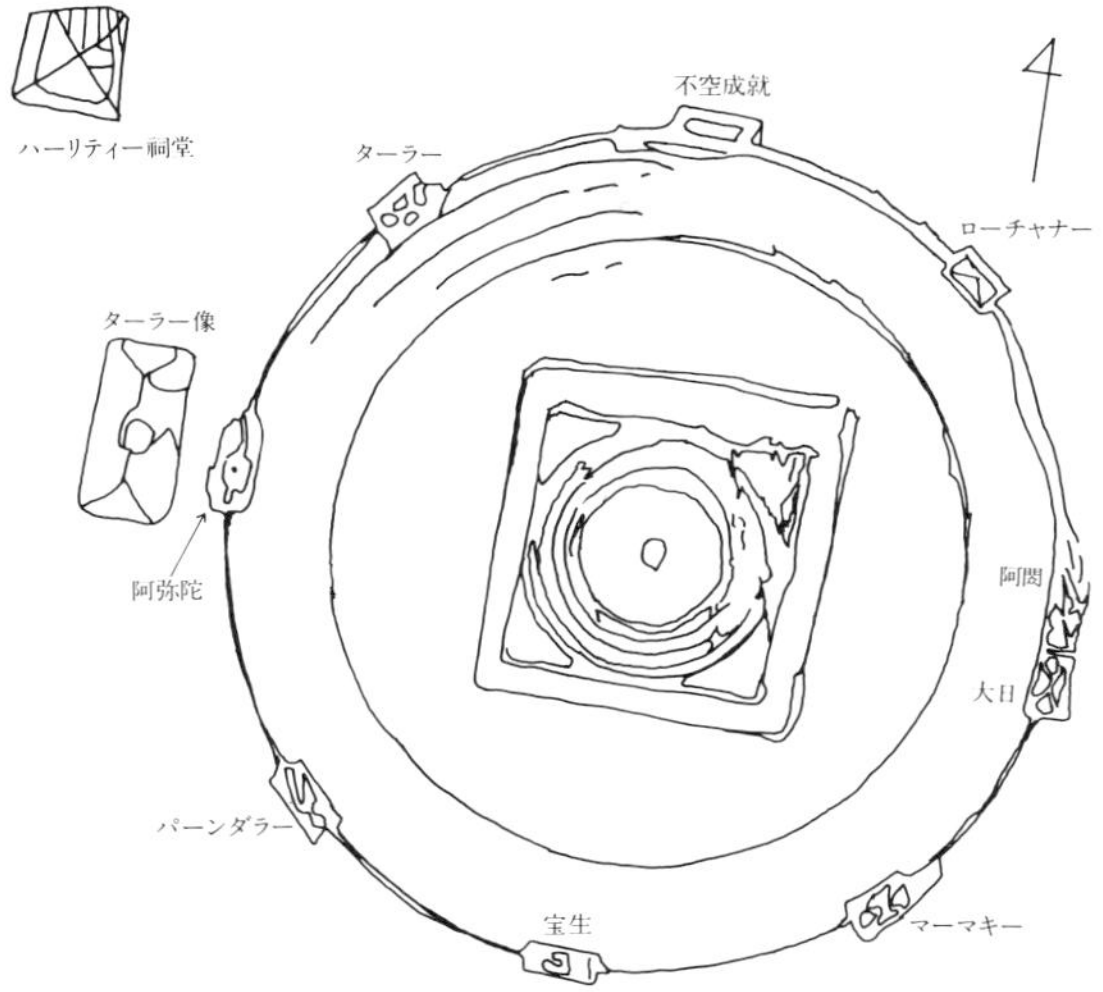

34——スヴァヤンブー仏塔につくられた九つの龕

35——スヴァヤンブー仏塔の北方の龕に納められる不空成就如来像。

クワー・バハールの僧形の仏たち

クワー・バハール（図12）の中庭にあるチャイトヤ（図15）は、四方に扉を持つ厨子とそれをとりかこむ回廊と欄楯《らんじゅん》によってできている。四方の扉の上のトーラナおよび欄楯の上には仏や菩薩の像が並べられており、一つのマンダラを構成している（図36）。図37はこのチャイトヤの南面を示しているが、[☆9] この写真の上部に南のトーラナが見え、その下に宝生如来（図39）の像が置かれている。

図38―41は、このチャイトヤの欄楯に置かれた僧形（如来形）の四仏――五仏の中、中央の大日を除く――の像を示している。四仏それぞれの印相は、図28―32に示されたものと一致し、乗物は表1の記述と一致する。

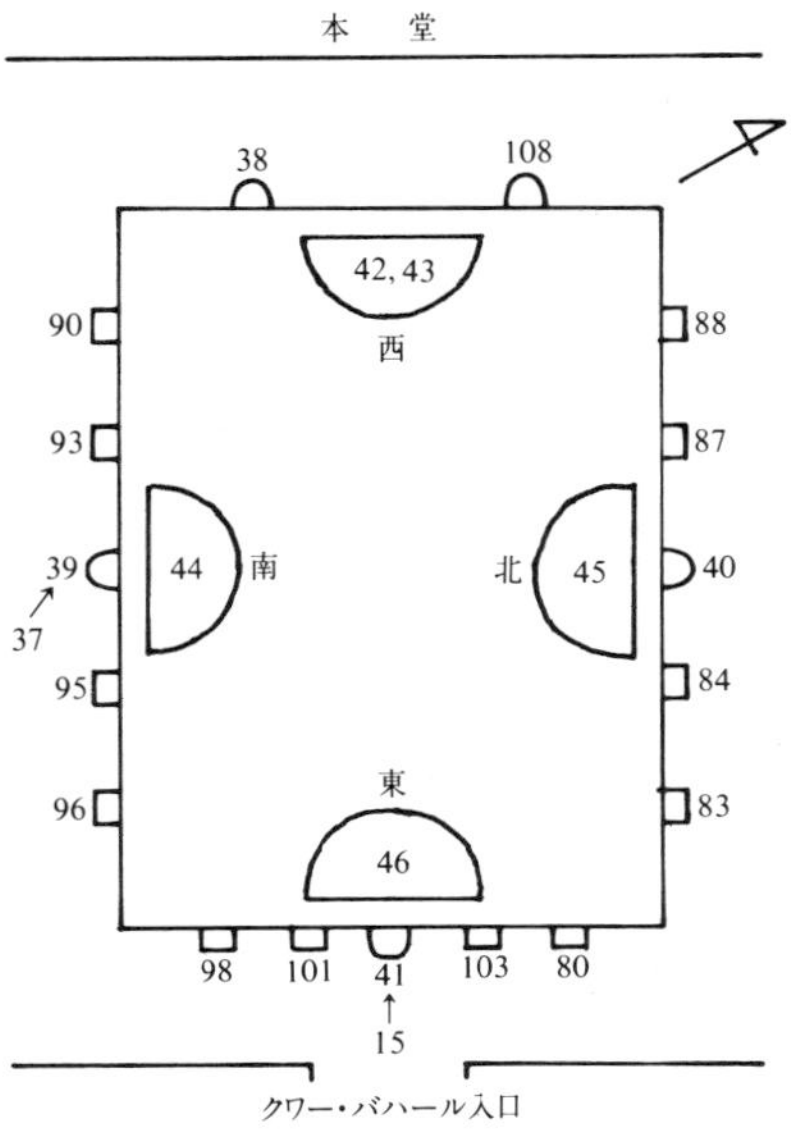

36――この図の中の番号は本書の図番号と一致する。

37――クワー・バハールのチャイトヤ南面。トーラナの下に宝生如来像が見られる。

39———宝生如来（南）

38———阿弥陀如来（西）

40———不空成就如来（北）

41———阿閦如来（東）

菩薩形の五仏

インドのグプタ朝（四―六世紀）までは、ほとんどの場合仏は僧形（如来形）で表現されていたが、それ以降は、仏も宝冠や髪飾りをつけた菩薩の姿で表わされることが多くなった。これは、常人にはまず達することができない、遠い存在であった仏陀が、菩薩つまりまだ仏になっていない――それだけ普通の人間に近い――存在へと変わったことを意味する。すなわち、「聖なるもの」と「俗なるもの」との距離は一歩縮められたのである。しかし、一方では、一面二臂の僧形である、という意味で人間の姿に近かった仏が、多面多臂という非人間的な姿をとったということは注目すべきである。悟りを得た覚者と迷う者たちとの距離が縮められる一方で、人間の姿をとるのをやめるということは、仏教タントリズムにおける「聖なるもの」の図像の運命である。

クワー・バハールの菩薩形の仏たち

クワー・バハールのチャイトヤには四つのトーラナがあり（15、40ページ）、それぞれに菩薩形の仏が描かれている（図43―46）。彼らの乗物は如来形の仏たち（図38―41）と一致するが持物、印相は一致しない。トーラナそれぞれの下部中央に四仏それぞれが表わされ、大日如来はトーラナ上部に表わされている。

42――クワー・バハールのチャイトヤ西面のトーラナ。中央下部は阿弥陀。図43はこの阿弥陀像の拡大図である。

44——宝生如来（南）

43——阿弥陀如来（西）

46———阿閦如来（東）

45———不空成就如来（北）

文殊菩薩のすがたをとる仏たち

クワー・バハールの菩薩形の仏たち（図43—46）と同様、図47—51の白描も菩薩形をとっている。これらの図は、『完成せるヨーガの環』二章の「集次第《ピンデイークラマ》に説かれた阿閦マンダラ」におおよそ基づくもので、阿閦が中央、大日が東に見られる。この密教の仏たちは、乗物、台座のシンボル、中心となる印相などは如来形の仏と共通であるが、剣、鈴、ウトパラ（睡蓮）といった文殊の持物を持つ。つまり、文殊の姿をとる仏なのである。文殊の有する「聖性」の度合いはきわめて強く、パンテオンの中心である五仏をも自分の姿に変えるのである。

中央の阿閦（図49）は、青黒色で、右の面は白、左の面は赤、右の三臂で金剛、円輪、蓮華《パドマ》を持ち、左手で鈴、如意宝、刀を持ち、妃スヴァーバースパルシャヴァジュラー Svābhāsparśavajrā により抱かれている。東方の大日は白く輝き、右の面は白、左の面は赤、右の三臂で円輪、金剛、蓮華《プンダリーカ》を持ち、左の三臂で鈴、宝珠、剣を持つ。南方の宝生は、黄色で、右の面は青黒、左の面は白、右の三臂で宝珠、金剛、円輪を持ち、左の三臂で鈴、黄睡蓮《ピータ・パドマ》、剣を持つ。西方の阿弥陀の記述は、図47といささか異なる。[☆10] 北方の不空成就は、緑色で、右の面は青黒、左の面は白、右の三臂は刀、二重金剛、円輪を持ち、左の三臂は鈴、黄睡蓮《ハリタ・パドマ》、宝珠を持つ、と規定される。

47——阿弥陀如来（西）

48——不空成就（北）

50———宝生如来（南）

51———大日如来（東）

49———阿閦如来（中央）

ブ・バハールの大日立像

ネワールの仏教寺院の本堂正面には必ずと言ってよいほどトーラナがあるが、そこにはしばしば大日如来を中心とした五仏が描かれる。たとえば、ブ・バハール（図12）の本堂正面入口のトーラナには、「右の脚をのばした姿」（展右）のまま獅子の上に立つ八臂の大日如来の浮彫が見られ、そのまわりには、それぞれの乗物に乗った八臂の四仏像がある。図52はそのトーラナの五仏の中、大日、阿閦、阿弥陀を示している。ワナー・バハール（図12）の本堂正面のトーラナにもブ・バハールの場合と同様の大日如来の立像が見られる。ハカー・バハール（図12、20）の入口には石製のトーラナがあり、そこには五仏の坐像が見られる。

クワー・バハールの大日立像

日本に伝えられた金剛界マンダラの大日如来が、左手の人指し指を伸ばし、それを右の手ひらで覆う、という印相（智拳印、最上菩提印）を結び、胎蔵マンダラの大日如来が、両手を重ねた禅定印を結ぶことはよく知られている。それぞれのマンダラの儀軌によって大日如来の姿もさまざまであるが、ネパールにおいては転法輪印を結ぶことが多い。もっとも、クワー・バハール本堂に向かって右にある礼拝堂におけるように智拳印を結ぶこともある（図10）。この大日像は、一・二メートルほどの金メッキをした銅像で、展左の姿勢をとり、背後にはネワール特有の飾り枠がある。

52――ブ・バハールの本堂正面の大日如来立像

法界マンダラの五仏

カトマンドゥ盆地内で最もよく知られたマンダラは、法界語自在文殊のマンダラである。これは、金剛界マンダラの発展の延長上にあるものと考えられるが、四重の「院」に囲まれたきわめて複雑な構造を有している。[☆11] 写真53は、パタン市のハカー・バハール（図12、20）の中庭に見られるマンダラ〔台〕の中央部である。文殊を中心にして、四方に大日を除く四仏が、四維には四妃がスヴァヤンブー仏塔と同じ配置で描かれている（図34）。東（写真下部）には象に乗った阿閦が見られる。これらの九尊はマンダラの中心部とも言うべき「心マンダラ」を構成し、この外の輪（第二輪）は「口マンダラ」であり、さらにその外に「身マンダラ」がある、と言われている。

53――ハカー・バハールの法界語自在マンダラ

曼荼羅の神々—48

チュシュヤー・バハールの四仏

カトマンドゥ市北部にチュシュヤー・バハールがある。仏陀を本尊とし、「一六五二年に修復された」という記録のある古い寺院である。☆12 本堂正面の扉の上にはトーラナ（図58）があり、その上には四仏の像を有する四本のほおづえ（図21、54—57）がある。中庭を囲む屋根を支えるほおづえには四仏の他に、五護陀羅尼 Pañca-rakṣā, 供養女神

54——阿弥陀如来

55——不空成就如来

Pūjādevī, 星宿 Nakṣatra などが描かれており、寺院全体が一つのマンダラとなっている。

　この寺院の本堂正面の四本のほおづえ以外には銘があるが、その四本には銘はない。しかし、それらの像の置かれている位置、乗物、持物などによってそれらが四仏の像であることがわかる。本堂の左から、つまり、向かって右から、孔雀を伴う蓮華座に立つ阿弥陀如来（図54）、ガルダ鳥を伴う蓮華座に立つ不空成就如

56——阿閦如来

来（図55）、象を伴う蓮華座に立つ阿閦如来（図56）、馬を伴う蓮華座に立つ宝生如来（図57）である。

四仏は四面八臂であるが、それぞれの仏の左第一臂には特徴的なシンボル、つまり不空成就と阿閦にはタルジャニー印（人指し指をのばして威嚇する印）、宝生には宝石のついた旗が見られる。阿弥陀の左第一臂にはおそらく蓮華があったのであろう。

ところで、すでに指摘されている

仏—51

ように、この四仏は、剣、金剛、鈴、弓、および矢という文殊菩薩に特徴的な持物を有している。[☆13] これらの四仏の図像学的特徴は、『完成せるヨーガの環』二一章に述べられる「法界語自在文殊」Dharmadhātuvāgīśvara-mañjuśrī を中心とするマンダラに述べられる四仏の説明と一致する。[☆14]

カトマンドゥでは文殊崇拝が盛んであることをこの文殊の姿をとった四仏が示している。

58——文殊の姿をとる金剛薩埵。チュシュヤー・バハール本堂正面扉の上部のトーラナ。

金剛薩埵《こんごうさった》

仏教世界における仏のイメージの歴史は、すでに述べたように、世俗化の過程であった。[☆15] 世間を離れた僧であった「仏」はやがて結った髪に冠を載き、天人の着るような衣をつけるようになった。つまり、仏のイメージの菩薩化が起こったのである。イメージのみではなく、職能においても、仏と菩薩との距離は小さくなり、両者が重なり合ったような神格も生まれるに至った。たとえば、金剛薩埵《ヴァジュラサットヴァ》 Vajrasattva である。もっとも彼は菩薩のグループに属すとも考えられる。[☆16]

大日如来よりさらに新しいこの尊格は、一般に右手に金剛を、左手に鈴を持つ坐像で表現される（図59）。この菩薩形の尊格は、菩薩である一方で仏としての職能を有し、「第六の仏」とも呼ばれる。カトマンドゥでは金剛薩埵が「五仏の導師」と考えられることもある。この神格に対する儀礼は秘儀であり、一般の人々は見ることができなかった。[☆17]

チュシュヤー・バハールの**金剛薩埵**

チュシュヤー・バハール本堂正面扉の上部にはトーラナ（図58）があり、中尊は象にのり阿閦如来のようではあるが、これは金剛薩埵である。さらに、この寺院のほおづえに見られる四仏（図54—57）と同様、文殊菩薩の性格をも有している。すなわち、阿閦如来

60———金剛執

59———金剛薩埵（図1参照）。

61———金剛薩埵。チュシュヤー・バハールの中庭。

と文殊菩薩と一体となった金剛薩埵なのである。この左右には、やはり文殊の姿をとる阿弥陀——孔雀に乗る——と大日——獅子に乗る——とが見られる。図61の像は、チュシュヤー・バハールの中庭に本堂正面に向かって置かれている金剛薩埵像である。右手に金剛を、左手に鈴を持つ。

金剛薩埵と金剛執（ヴァジュラダラ）

金剛（vajra）とは、元来『リグ・ヴェーダ』の神インドラ（帝釈天）の武器としての雷であったが、いつしか金剛石の意味でも用いられるようになった。金剛薩埵は、金剛を持った手を胸にあて、鈴を持つ左手を組んだ足の上に置く（図59）。金剛薩埵とほとんど同じ職能を有するものに金剛執 Vajradhara がいる。彼は金剛を持つ右手と鈴を持つ左手を胸の前で組み合わせている（図60）[☆18]。

62——宝冠を戴く燃燈仏。カトマンドゥ国立博物館蔵

燃《ねん》燈《とう》仏《ぶつ》

カトマンドゥ盆地の仏たちはほとんどが密教の体系の中に位置づけられているが、密教以前のかたちである顕教の仏たちも活躍する。たとえば、燃燈仏 Dīpaṅkarabuddha（錠光仏《じょうこうぶつ》）である。この仏は過去世に出現し、シャーキャ・ムニに将来は仏になろうと予言したと伝えられる。『阿含経』や『過去現在因果経』などの古い経典には、シャーキャ・ムニの前生の一つである童子が都に入った錠光仏に対して花を散らせて供養し、鹿皮の衣を脱いで道の泥をおおい、さらに自らの髪を解いてその上に如来を踏ませたところ、如来はかの童子の成仏を予言した、と述べられている。この場面はすでにガンダーラや西域の高昌寺院壁に浮彫で表現されている。☆19

カトマンドゥには燃燈仏がこの盆地を訪れたという伝承が残されている。この如来の訪問を記念して人々は、バードラパダ月の下弦(九月上旬頃)、多くの燃燈仏の像を高く掲げて

ねり歩くのである。[☆20]

写真62の像は、現在は博物館にあるが、かつてはいま述べたような行列祭りに用いられたものである。頭部は上下約四五センチあり、首より下、胸部までは竹細工に衣を着せたものである。人々はこれを頭から被り、音楽に合わせて、ゆるやかに踊る。盆地のあちこちから持ち出された燃燈仏たちはそのつくりと踊りを競い合いながらカトマンドゥの町をねり歩くのである。このような燃燈仏の像は今日、カトマンドゥでは約五〇体残されていると言われる。

写真62の燃燈仏の右手は、掌を正面に向けた施無畏印（a-bhayamudrā)を、左手は親指の先と中指の先とを合わせて円をつくり、手全体を下に下げている。[☆21] この印相は、ネパールでは、「滴印」(bindumudrā)と呼ばれている。胸飾りの中央には、しばしばトーラナの頂上に見られる、獅子に似た獣キールティムカの浮彫が見られる。

63――頂成肉髻《にくけい》相の燃燈仏。カトマンドゥ国立博物館蔵

写真63の燃燈仏も写真62の場合と同様、行列に用いられたものである。行列に用いられるための像ではないが、先述のような姿のブロンズ像も多い。

ヘールカ（秘密仏）

これまでに見た仏たちはいずれも柔和な相をしていた。一方、密教の発展に伴って、血に充たされた頭蓋骨杯や切り取られたばかりの人間の首、あるいは象の生皮や蛇といった無気味なものに飾られた恐ろしい姿の尊格が現われた。[☆22] いわゆる「ヘールカ」Heruka と呼ばれる「秘密仏」の登場である。[☆23] この尊格の名称の語源は不明であるが、おそらく非アーリア系の伝統を継ぐ尊格であろうと思われる。一説にはヘールカはヒンドゥー教の神シヴァの従者の一人であったと言われる。

64——金剛バイラヴァ

ヘールカの一般的特徴は、身体が青く、はぎ取ったばかりの象の皮を被り、虎皮を腰に巻き、屍体あるいはシヴァ神を踏みつけている。しばしば女神と交わる姿で表わされ、髪には三日月の飾りをつけ、三眼で、手には三叉戟、ダマル太鼓、頭蓋骨杯、金剛杵、生首の環などを持つ。ところで、身体の青色、三日月の飾り、三叉戟、ダマル太鼓などは、元来シヴァ神の特徴である。シヴァ神に似たヘールカがシヴァ神を踏みつけるというのは、仏教パンテオンに組み入れられたヘールカがシヴァ神の特徴を受け取り、さらにヒンドゥーの主尊に打ち勝ったという「仏教側の伝承」を表現している。[☆24]

金剛バイラヴァ Vajrabhairava も一種のヘールカである（図64）。「バイラヴァ」とは、シヴァ神の狂暴な面の具現であるが、仏教のパンテオンに組み入れられて金剛バイラヴァとなった。仏教タントリズム（密教）では「金剛」を冠した尊名が多い。この尊の水牛の顔はヒンドゥーの女神ドゥルガーに殺された水牛の魔神マヒシャ Mahiṣa を思い起こさせる。[☆25]この女神はヒンドゥーの正統派の中で崇拝されて今日に至るのであるが、ヒンドゥーの勢力に対抗せざるをえなかった仏教タントリズムはドゥルガーの敵にむしろ味方したようである。

図65の尊格は、マヒシャサンヴァラ Mahiṣasaṃvara であり、金剛バイラヴァと同様、水牛の面を有する。ヘールカ尊はしばしば象の皮を被るのであるが、これは毛皮を被って一度「死」に、毛皮をとりはらわれて「再生」するという「再生」あるいは「入門」儀礼と関係があると思われる。[☆26]

65———マヒシャサンヴァラ。カトマンドゥ国立博物館蔵

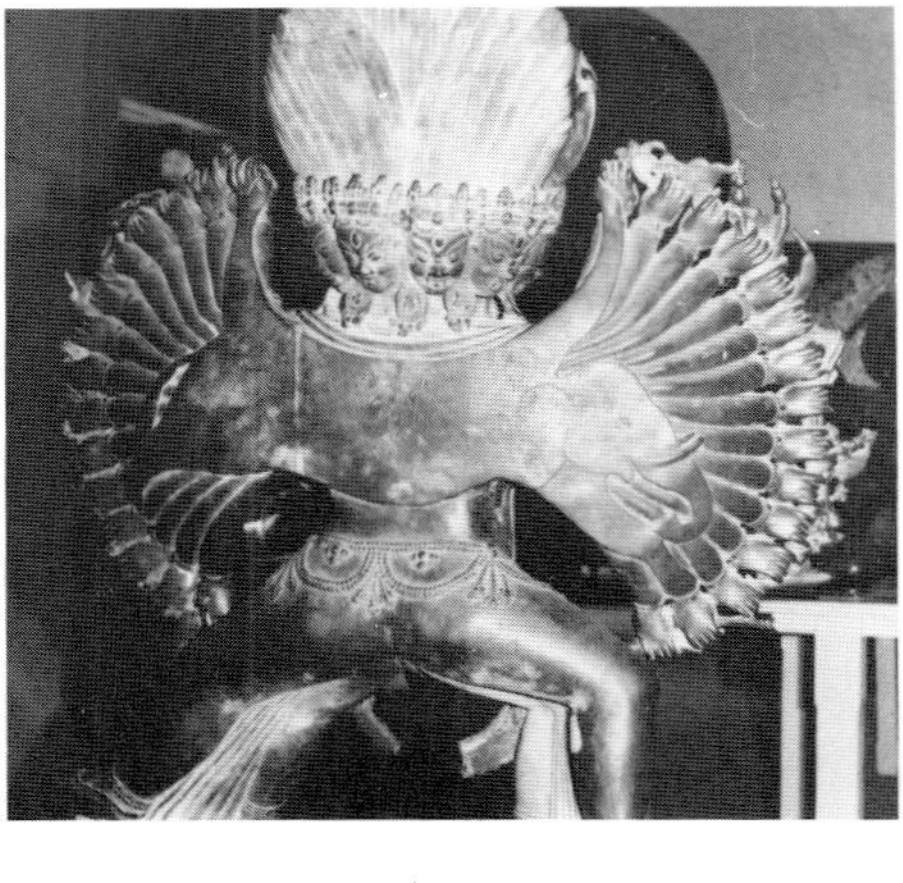

66———65の裏面。象の生皮が浮彫にされている。

チャクラサンヴァラ

チベット仏教のパンテオンではヘールカは中心的地位を占め、種類も多いが、ネパール仏教のヘールカはチベットにおけるほど種類は多くない。これはおそらくネパールではチベットにおけるほど最終発展段階のタントラである無上ヨーガ・タントラが重要視されなかったからであろう。また、それらの恐ろしい姿をとり、時として妃を抱いたかたちの像は、それぞれの寺院に設けられた「アゴン」と呼ばれる秘儀の部屋から外へ持ち出されなかったということも忘れてはならない。

無上ヨーガ・タントラは、父、母、不二タントラに分類される。父タントラに基づくヘールカに金剛バイラヴァと秘密《ひみつ》集会《しゅえ》がいるが、ネパールでは前者は有名である一方、後者はあまり知られていない。母タントラの代表はチャクラサンヴァラ Cakra-saṃvara（勝楽尊）であり（図67）、不二タントラのヘールカにヘーヴァジュラ Hevajra（呼金剛、図68）、カーラチャクラ Kālacakra（時輪）がいる。

チャクラサンヴァラは女神崇拝の影響を強く受けており、ほとんどの場合妃を抱いた姿で表現される。[☆27] 右脚を伸ばし、手には三叉戟、ダマル太鼓、ブラフマン神の首、頭蓋骨杯などを持つ。両足にはシヴァとその妃を踏みつけている。図67のヘールカの頭髪の右には三日月が見られる。チャクラサンヴァラ・マンダラでは、この尊格のまわりにインドの各地の霊場の女神が幾重もの同心円上に並ぶのである。

67——チャクラサンヴァラ

ヘーヴァジュラ

ヘーヴァジュラは独尊としても表わされるが、一般には図68のように妃無我女《ナイラートマー》（図159）を抱いた姿で表現される。妃を抱いたこの姿は宗教実践の過程をも語っている。「原因の状態」——実践の結果をまだ得ていない状態——にある白色の身体のヘーヴァジュラは、世界におけるすべての如来を自らの口の中に入れ、それを精子として妃の中に入れる。[☆28] このように妃の中に植えつけられた「種」がやがて八人の女神ダーキニー Ḍākinī（図160）となって生まれ出たとき、ヘーヴァジュラは青色となり、果身を得るのである。青色の身体で踊るヘーヴァジュラは、「結果の状態」——悟りの境地を享受する報身の状態——を有する。

ヘーヴァジュラ尊は通常、十六臂を有し、それぞれの臂には頭蓋骨を持っているが、右の八臂が持つ頭蓋骨は病気や不幸のシンボルである象、馬、驢馬、牛、牝ラクダ、人、シャルバ、および鼠を入れ、左の八臂の持つ頭蓋骨はそれらに打ち勝つ力を持った「神」——地神、水神、火神、風神、月神、日神、ヤマ、ラトナダラ——を入れている。[☆29] ヘーヴァジュラ・マンダラでは、無我女を伴うヘーヴァジュラを中心に、この両親から生まれたかの八人のダーキニーが並ぶのである。

他にもヤマーリ Yamāri（焔摩《ヤマ・アリ》の敵の意味[☆30]）（図69）やブッダカパーラ Buddhakapāla（図70）

68——ヘーヴァジュラ

69——ヤマーリ

などのヘールカもネパールで知られている。

もともとシャーキャ・ムニは、死後、幾世紀もの間人の姿を有する造型作品に表現されることはなかった。紀元一世紀頃、質素な衣をまとった僧として仏が表現されはじめ、後には菩薩の姿をとるようにもなった。さらに八、九世紀には、奇怪な姿の、時には獣の顔をした「仏」が登場した。しかも、ヘールカたちはパンテオンの辺境にある「小さな神々」ではなく、まさに中心的存在なのである。その上、それらの無気味な仏たちの多くは女尊を抱いている。このような「仏」のイメージの変化は、インド、ネパール、チベットにおいて共通しているものであり、これらの地域におけるタントリズムの変化・発展と呼応するものである。

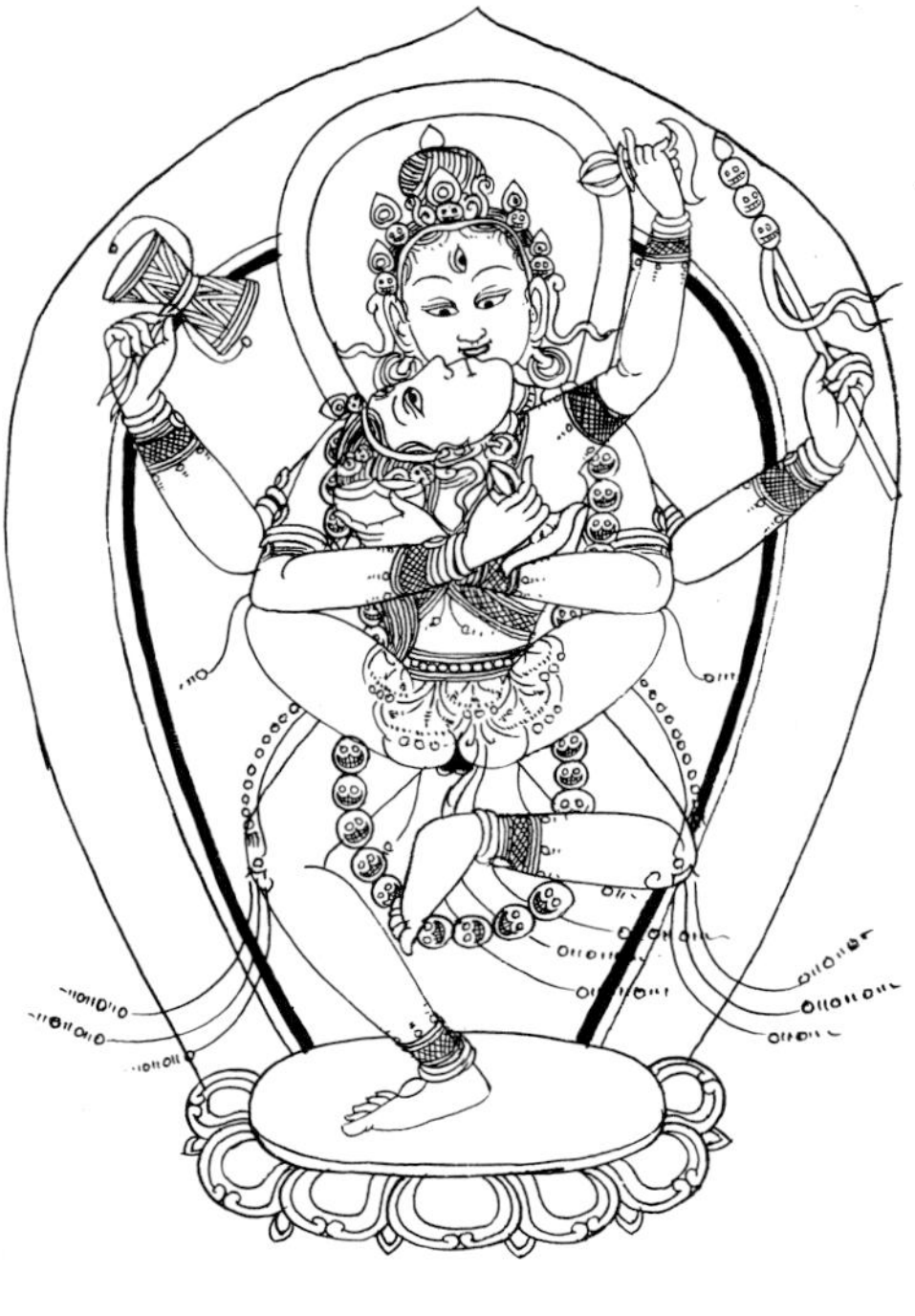
70——ブッダカパーラ

中国や日本における仏教パンテオンでは、ヘールカはそれほど重要ではなく、種類もほんのわずかである。これは、中国や日本では、作（所作）、行、ヨーガ、無上ヨーガ・タントラという四種のタントラの中、第一から第三までのタントラに基づいて実践し、第四のものに基づく実践はほとんどなかったという歴史的事情によるものであろう。もっともヘールカの性格はまだ不明であり、ヘールカのパンテオンにおける位置づけは今後の課題であろう。

第三章　菩薩

71——阿閦如来の乗物としての象
(スヴァヤンブー仏塔東龕)

仏陀は、生涯の後半、教えを説くためにガンジス中流域を歩いた。仏自らが「動いた」のである。ガーンダーラ様式の浮彫にも弟子たちとともに遊行する仏陀の姿がしばしば見られる。だが、大乗仏教の発展にともなって、仏は次第に「動かないもの」となった。つまり、衆生に働きかけるのは仏自身ではなくて「仏になるために修行をしている者」としての菩薩が衆生を救済するために「動く」ようになったのである。

経典の最も一般的な形式は、仏がある契機によって説法をするというものである。少なくとも初期の大乗経典まではそうであった。しかし、その形式にも変化が見られるようになった。たとえば、初期大乗経典が出そろった後、四世紀頃の成立と考えられる『般若心経』（広本）では、仏自らは説法をせず、三昧に入ったまま、念力によって観自在菩薩と仏弟子舎利弗《しゃりほつ》（145ページ）とに対話をさせる。[☆1] 仏自らは、「そのとおり」と言うのみである。これは、「仏自らは直接は活動せず、菩薩が仏の命を受けて衆生に接する」という大乗仏教における仏と菩薩との関係の一端を示している。

このような仏と菩薩との関係は、ネパール仏教においては一層顕著である。過去仏の一としての燃燈仏がカトマンドゥの地を訪れたという伝説は残ってはいるが（54ページ）五仏のいずれかがその町を訪れたという伝承はない。一方、菩薩たちがさまざまな姿をとって人々の中に現われ彼らを救うという因縁話はカトマンドゥ盆地に数多く残されており、菩薩たちが入魂した石などが今も崇拝されている。

観自在菩薩

観自在と観音

「観自在菩薩」は梵語で「アヴァローキテーシュヴァラ」Avalokiteśvara と言い、「アヴァローキタ」（観〔る者〕）と「イーシュヴァラ」（自在〔なるもの〕）との複合語である。しかし、「アヴァローキタ」（観）と「スヴァラ」（音）との複合語であるとの伝承・解釈もあり、この二つの伝統を反映して「観自在」とも「観音」とも言われる。[☆2] ネワール語では、「ローケーソール」（lokesor）と言われるが、これは「ローカ・イーシュヴァラ」（世自在）のなまった形である。一方、「イーシュヴァラ」とはヒンドゥーの神シヴァを意味するが、後に見るように、とくにネパールでは観自在とシヴァ神は近い関係にある。

ナート崇拝と観自在崇拝

十一、二世紀のインドおよびネパールには「ナート」（導師）と呼ばれる人々に対する崇拝が盛んになる。[☆3] 彼らはシャーマニズムの影響を受け、魔術にも通じており、さらにはヨーガの行法によりいわゆる「超能力を得た者たち」であった。ナートたちの活動とネパールにおける観自在崇拝とは密接に結びついており、中でも、マツェーンドラナート Matsyendranāth

とその弟子ゴーラクナート Gorakhnāth の二人がとくに重要である。[☆4] ゴーラクナートはネパールの山中に隠れていた師のマツェーンドラナートに会うためにネパールにやってきたと言われるが、前者はカトマンドゥ盆地の中に信仰のセンターとも言うべきナータ・パンタ（nātha-pantha）をつくった。それらのセンターは師マツェーンドラ――「魚の王」を意味する――の名に因んで名づけられた。マツェーンドラはシヴァ教のカウラ Kaula 派の創始者であったと伝えられるが、それ

72――ウク・バハール本堂正面（右）の観自在菩薩

73——赤マツェーンドラの観自在

74——ミンナートの観自在

ぞれのセンターには彼のさまざまな側面が神格化されて祀られた、四つのセンターの第一は、パタン市に設けられた、赤《ラト》マツェーンドラを祀るブグマ・マツェーンドラ Bugma Matsyendra、第二は、カトマンドゥ旧市街の白《セト》マツェーンドラを祀るセト・マツェーンドラ Seto Matsyendra、第三は、カトマンドゥの東、バネパの北にあるナーラー・マツェーンドラ Nālā Matsyendra、第四は、カトマンドゥ南方のキールティプールの東にある、アーディナータ Ādinātha（本初の明主）を祀るチョーバラ・マツェーンドラ Chobhara Matsyendra である。[☆5]

これらの寺院に祀られるマツェーンドラはやがて、マッラ王朝下における仏教的勢力の台頭とともに観自在菩薩と同一視されるに至った。つまり、第一のセンターの赤マツェーンドラは蓮華手観自在に、第二の白マツェーンドラは聖観自在に、第三は普賢観自在に、第四はスリシュティカーンタ Sṛṣṭikānta 観自在とみなされて今日に至っている。[☆6]これらの四つの聖地の内、とくに最初の二つはパタン市およびカトマンドゥ市の観自在信仰の中心である。このように、カトマンドゥ盆地における観自在信仰は、元来はヒンドゥー教の神のイメージを後世、仏教徒がそのシンボリズムを読み変えることによって、観自在のイメージであると考えて流布してきたと考えられる。

75――白マツェーンドラ（カトマンドゥ国立博物館蔵　部分）
76――観自在（スヴァヤンブー博物館蔵）

赤マツェーンドラと白マツェーンドラ

赤マツェーンドラや白マツェーンドラの像を一見すれば、[☆7]われわれは彼らの素性を見ることができる。前者の顔はその名のとおり赤く塗られ、かすかにもりあがった鼻のまわりに眼や口がいささかユーモラスに描かれている（写真73）。白マツェーンドラ像は大きな不釣りあいな鼻を持ち、身体全体の線も均整がとれているとは言い難い。カトマンドゥの観自在信仰の中心であるこの二つのローケーソール像は、インド以来の観自在菩薩の像とは異なり、ヒンドゥー教と土着文化の影響を強く受けている。赤マツェーンドラの寺の近くにミンナート Minnāth 寺院がある（図12）。「ミン」（ミーナ mina）も「マツヤ」（matsya）と同様、魚を意味する。この寺院は赤マツェーンドラと深い関係にあるが、その本尊（写真74）にも土着的要素が見られる。

すでに述べたように赤、白のマツェーンドラが観自在と同一視されると、仏教の伝統に従ってマツェーンドラ像が描かれるようになった。写真75は、五護陀羅尼（パンチャラクシャー）[☆8]とともに描かれた白マツェーンドラである。左手に蓮華を持ち、右手は願いをかなえる仕草（与願印）をしており、上体をわずかにねじった姿はインドから日本に至るまで最もよく知られているものだ。写真76の観自在もそのような典型的な姿をとっている。ネパールにおける観自在の持つ蓮華の表現方法の特徴の一つは、写真72に見られるように、手で蓮華を持つのではなくて、しばしば観自在の背後あるいは両脇から左右に蓮華が上にのぼるというものである。[☆9]

77——千手観自在（千手観音）を中尊とするトーラナ。セト・マツェーンドラ寺院の中央のトーラナの中心部である。この寺院の本尊であるセト・マツェーンドラは聖観自在と同一視されるが、このトーラナでは十一面、千手の姿で表現されている。「十一」は八方、上方、下方、および中央を意味する。定印を結ぶ上部の仏および最下部の仏は阿弥陀である。[☆10]他の四仏は向かって左から、宝生、大日、阿閦および不空成就である。

セト・マツェーンドラの観自在

セト・マツェーンドラ（あるいは、セト・マチェーンドラ Seto Machhendra）は、カトマンドゥ旧市街のアサン Asan 地区にある。二層の塔形式のセト・マツェーンドラを囲んでジャナ・バハール Jana Bahāl があり、境内には多数のチャイトヤがある。[☆11]

セト・マツェーンドラの四方の軒には一〇八種類の観自在の絵が並べられているので、この寺は「一〇八観自在の寺」として知られている。[☆12] 一〇八観自在の伝承は他の寺院にもあり、一〇八のメンバーは寺院によって異なっている。三六〇種の観自在のグループも知られている。[☆13]

78——知聖観自在。セト・マツェーンドラ層塔の一階の屋根を支えるほおづえ。

セト・マツェーンドラの一階の屋根に二四本、二階の屋根に一六本のほおづえがあり、そのそれぞれに観自在像がある。[☆14] それらの観自在の名称はJ・ロックにより比定されている。[☆15] 一階の屋根を支えるほおづえは四方それぞれに六本あるが、図78は、南面向かって右から二番目の知聖観自在 Jñānaśrīlokeśvara を示し、図79は、東面向かって右から一番目の蓮華明主観自在 Padmanāthalokeśvara を示す。後者は一〇八観自在の七四番である蓮華舞踊王観自在 Padmanṛtyeśvaralokeśvara と同一であり、十六臂を有するが、左右第一臂以外はそれぞれ蓮華を有する。右足を左腿につけ、左足で立つ舞踊の姿をとる。舞踊の王とはシヴァ神のことであり、舞踊のこの姿はシヴァ神の舞姿を思い起こさせる。[☆16]

79———蓮華舞踊王（明主）観自在。セト・マツェーンドラ層塔の一階の屋根を支えるほおづえ。

80———六文字観自在

81———六文字観自在。妃を伴うときもある。カルカッタのインド博物館やサールナート博物館に作例がある。

クワー・バハールの十二観自在

クワー・バハール（図15、37）の中庭におけるチャイトヤの欄楯には一二体のブロンズの観自在像が見られる。それらの位置は図36に示したとおりである。これらの観自在はそれぞれ一月から十二月までの各月と関係づけられており（表2）、それぞれの月においてはその月と関係づけられた観自在がとくに崇拝される。☆17 この十二尊のグループがどのようにして形成されたかは不明である。『観想法の花環』にはこれらの一二体の観自在のほとんどが現われているが、各月との関係づけは見られない。カトマンドゥ盆地では、クワー・バハールのものとは異なる十二観自在のグループが見られるが、この場合には十二の月と十二の霊場が結びついている。☆18

図80から図103までの一二枚の写真は、クワー・バハールの十二観自在像を示し、それぞれの写真の横にある白描も十二観自在を描いている。しかし、両者の図像学的特徴はしばしば異なる。クワー・バハールのブロンズ像の図像学的特徴は、ヘーマ・ラージャ編『略聖観自在研究』の記述とほぼ一致するので、以下、これに基づいて十二観自在像の特徴を見てみたい。☆19

クワー・バハールの六文字観自在（図80）は、四臂を有する。その二臂は合掌し、右の第二臂は数珠を、左のそれは蓮華

一〇八観自在の中での番号 註(2)
No.103
No.1
No.107
No.88
No.22
No.74
No.105
註(3)
No.91
No.92
No.104
No.72

83———聖観自在（聖観音）

82———聖観自在（聖観音）。カトマンドゥのみならず，仏教の伝播した地域における観自在（観音）の典型である。

を持つ。「六文字」とは「オームマニパドメーフーン」(Oṃ maṇi-padme hū-ṃ) というかの有名な六梵字の真言であり、この六字真言の知慧と結びついた観自在が「六文字観自在」と呼ばれる。白描(図81)の像は坐像であるが、カルカッタのインド博物館などには

［表2］

写真・白描番号	十二観自在	サンスクリット名	対応する月
80-81	六文字観自在	Ṣaḍakṣarīlokeśvara	カールティカ(10月)註(1)
82-83	聖観自在	Śrīmallokeśvara	マールガシールシャ(11月)
84-85	ハーラーハラ観自在	Hālāhalalokeśvara	パウシャ(12月)
86-87	カナルパナ観自在	Khasarpaṇalokeśvara	マーガ(1月)
88-89	獅子吼観自在	Siṃhanādalokeśvara	ファールグナ(2月)
90-91	蓮華舞観自在	Padmanṛtyalokeśvara	チャイトラ(3月)
92-93	獅子迦楼羅毘紐乗観自在	Harihariharivāhanalokeśvara	ヴァイシャーカ(4月)
94-95	三界敬愛観自在	Trailokyavaśaṅkaralokeśvara	ジュイェーシュタ(5月)
96-97	赤観自在	Raktalokeśvara	アーシャーダ(6月)
98-99	青頸観自在	Nīlakaṇṭhalokeśvara	シュラーヴァナ(7月)
100-101	幻網観自在	Māyājālalokeśvara	バードラパダ(8月)
102-103	迦蘭陀厳観自在	Kāraṇḍavyūhalokeśvara	アシュヴァユジァ(9月)

註(1)　実際にはカールティカ月は10月から11月にわたる。他の月も同様である。

註(2)　〔アモーガヴァジュラ・ヴァジュラーチャールヤ　1982〕所収の一〇八観自在の番号

註(3)　No.90の三界示現観自在 Trailokyasaṃdarśanalokeśvara と図像学的特徴は一致する。

85―――この白描は一〇八観自在 No. 106 のハラーハラ Halāhala 観自在を描く。ハーラーハラとハラーハラの持物は似ている。

84―――ハーラーハラ観自在。しばしば妃を伴う。

この観自在の坐像が見うけられる。[20]

聖観自在は、観自在の最も古典的、典型的な姿を示している。白描（図82）におけるように、右手に与願印を、左手に蓮華を持っている（図76参照）。この姿はインド、ネパール、さらには日本においても最も基本的なものである。図83の二臂像は、しかし、右手に宝の盛られた器を、左手に蓮華を持っている。宝の盛られた器を持つことと与願印とは同じ意味を持つのであろう。

ハーラーハラ観自在（図84）は、六臂像として表現されている。右の三手に三宝の環、矢、数珠を、左の三手に蓮華、弓、経函を持つ。白描（図85）とは、三臂の持物が異なっている。

カサルパナ観自在（図87）は、右手に法壺を、左手に蓮華を持つ。白描（図86）は、しかし、与願印と蓮華を持つ。この観自在は、しばしば、ターラー、馬頭、ブリクティー Bhṛkuṭī およびスダナクマーラ Sudhanakumāra を伴う。[21]

獅子吼観自在（図88）は、二臂で、その右手は蛇のからまる三叉戟を、左手は刀が置かれた蓮華を持ち、獅子に乗る。カトマンドゥでは聖観自在や千手観自在とともによく知られた姿である。白描（図89）のような坐像が立像よりも一般的である。

セト・マツェーンドラの蓮華舞踏王は十六臂を有するが（図79）、この蓮華舞観自在（図90）は十二臂を有し、それぞれの手に蓮華を持つ。白描（図91）では、八臂で、その内の六手が蓮華を持つ。

獅子迦楼羅《ガルダ》毘紐乗観自在、つまり「ハリ〔獅子〕に乗るハリ〔迦楼羅鳥〕に乗るハリ〔毘紐、ヴィシュヌ神〕に乗る観自在」（図93）

86——カサルパナ観自在。基本的には一面二臂。この図のように遊戯坐に坐すことが多い。

87——カサルパナ観自在。

は、「ヴィシュヌ神の勢力をも超えた」観自在の姿を示している。ガルダ鳥はヴィシュヌ神の乗物である。

三界敬愛観自在（図95）は二臂を有し、その右手は鉤を、左手は羂索を持つ。この観自在はタントラ仏教の盛んであったウッディヤーナ Uḍḍiyāna でよく崇拝されたので「ウッディヤーナ観自在」とも呼ばれる。[☆22]『観想法の花環』（三五—三六番）はこの観自在について述べるが、ジャナ・バハールの一〇八観自在にはこの名称がなく、そのかわりに第九〇番三界示現観自在 Trailokyasaṃdarśanalokeśvara が持物などは一致し、図94の尊像の特徴は後者の観自在のそれと一致する。

赤観自在（図96）は、六臂を有し、右の三手は与願印、矢、数珠を、左の三手は施無畏印、蓮華、弓を有する。

図98の青頸観自在は、「宝を盛った器」[☆23]を二臂で持つ。図99の観自在も容器を持つが、容器の中味は不明である。シヴァが世界を守るためにハーラーハラと呼ばれる毒を飲んだ結果、頸が青くなったという神話があるが、シヴァのそうした特質がこの観自在に「転移」したと思われる。[☆24]

幻網観自在（図101）は、四面十二臂で、右手に矢、金剛杵、羂索、鉤、カトヴァーンガ棒、ダマル太鼓を、左手に弓、鈴、鏡、蓮華、器（あるいは頭蓋骨杯）を持つ。『幻網タントラ』に由来し、忿怒形である。[☆25]

迦蘭陀厳観自在（図103）は、四臂で、右に鉤、矢を、左に羂索、弓を持つ。白描（図102）では、二手は合掌し、右手に数珠を、左手に宝のある蓮華を持っている。

89———獅子吼観自在。行者のような髪型，三叉戟，肩からかけた鹿皮，虎皮の敷物はシヴァ神を連想させる。

88———獅子吼観自在。

90———蓮華舞観自在。

91———蓮華舞観自在。舞踊王観自在もまたこの観自在と同じような姿で踊る。「舞踊の王」とはシヴァ神のことである。

93———ハリハリハリヴァーハナ観自在。

92———ハリハリハリハリヴァーハナ観自在。「ハリ〔蛇〕に乗るハリ〔獅子〕に乗るハリ〔ガルダ鳥〕に乗るハリ〔ヴィシュヌ〕に乗る観自在。図93では蛇が欠けている。ヴィシュヌは右手に円盤を，左手に棍棒を持つ。

95———三界敬愛観自在。

94———三界敬愛観自在。この観自在はそれほど有名ではなかったと思われる。

97———赤観自在。赤身。一面四臂で，右手に鉤，矢，左手に羂索，弓を持ち，アスエ花樹の下で遊戯坐に坐す。図96におけるクワー・バハールの赤観自在とはかなり異なる。

96———赤観自在。

98———青頸観自在。

99———青頸観自在。装身具をつけず、二匹の蛇が瓔珞となり，髪型は行者のそれである。これらは行者としてのシヴァ神の特徴である。サールナート博物館に作例がある。

101———幻網観自在。

100———幻網観自在。『観想法の花環』では忿怒形として描かれているが，観自在が忿怒形を有する稀な例である。もっともここでは柔和相で描かれている。

103———迦蘭陀厳観自在。

102———迦蘭陀厳観自在。インドでは有名ではなかったと思われる。この図とクワー・バハールのものとは図像学的にかなり異なる。

104——ブ・バハール入口天井の不空羂索マンダラ

不空羂索（アモーガパーシャ）

不空羂索 Amoghapāśa とは観自在の一つの姿である。「不空《アモーガ》」とは「空しくない」「必ず」を意味し、「不空羂索」とは、「必ず衆生を救いとる綱を持つ者」を意味する。日本では不空羂索観音の名で知られており、一面三目八臂の姿が一般的である。これは『不空羂索神変真言経』（菩提流志訳　大正蔵　二〇巻　一〇九二番）第一に「大自在天の如し」とあり、大自在天つまりシヴァ神——三眼である——は、しばしば八臂を有するので、不空羂索も八臂で表現されたのであろうと推測されている。[☆26]

ネパールでも不空羂索はよく知られており、一面八臂で表現されることが多い。この観自在は一〇八観自在の三七番に数えられるが[☆27]、ハカー・バハール祠堂のように単独で尊崇されることも多い。

105——不空羂索マンダラ（部分）、一八七五年。

図105は、カトマンドゥ国立博物館蔵の不空羂索マンダラである。中心の不空羂索は宝冠の上に阿弥陀の化仏を戴き、左の第二臂に羂索を持っている。身色は白である。

不空羂索をとりまく第一輪には、下（東）に不空鉤 Amoghāṅkuśa、南にターラー、西にブリクティー Bhṛkuṭī、北にアジター Ajitā、そして他の方角に阿弥陀、聖観自在、カサルパナ観自在、ヴァスンダラーなど二〇尊がいる。☆28 第二輪には、下（東）の金剛薩埵以下、金剛界の十六大菩薩が配されている。十六大菩薩は、次に示すように、四仏のそれぞれと四体ずつ組み合わされている。

阿閦——金剛薩埵《こんごうさった》・金剛王《こんごうおう》・金剛愛《こんごうあい》・金剛喜《こんごうき》
宝生——金剛宝《こんごうほう》・金剛光《こんごうこう》・金剛幢《こんごうどう》・金剛笑《こんごうしょう》
阿弥陀——金剛法《こんごうほう》・金剛利《こんごうり》・金剛因《こんごういん》・金剛語《こんごうご》
不空成就——金剛業《こんごうごう》・金剛護《こんごうご》・金剛牙《こんごうげ》・金剛拳《こんごうけん》

図105の第二輪では、これらの十六尊が右回りに配されているが、仏の姿で描かれており、ネワールの伝統では「十六仏」と呼ばれている。また、これらの「十六仏」の中、金剛愛の代わりにヴァジュラデーハ Vajradeha（金剛身）が数えられることもある。

文殊菩薩

文殊 Mañjuśrī《マンジュシュリー》 がいつ仏教パンテオンの中に組み入れられたのかは明らかではない。この尊格の像はガンダーラやマトゥラーといった仏教芸術の初期を代表する派の中には見られない。大乗初期の詩人アシュヴァゴーシャ（馬鳴）や大乗仏教の理論的大成者ナーガールジュナ（竜樹、約二世紀）、その実弟子と伝えられるアールヤデーヴァ（聖提婆）も文殊の名を挙げていない。一方、初期大乗の経典である『阿弥陀経』や『無量寿経』および『法華経』には、「文殊師利法王子」という名称が現われる。[☆29] その後、文殊は最も重要な菩薩の一人として活躍した。

実にさまざまな姿をとり、どのような辺鄙なところにもその姿を現わす観自在に較べて、文殊は剣をふりあげた自らの姿を変えることなく、地域との結びつきもそれほど強くない。とはいえ、観自在ほどではないにせよ、文殊も数多くの姿に表現されてきた。

観自在は慈悲の菩薩であり、文殊は智慧の菩薩と言われる。智慧を象徴する般若経を文殊はしばしば手に持つ。またこの菩薩は厳格で恐ろしい側面をも有し、剣をふりあげた姿には近よりがたさがある。[☆30]

カトマンドゥ盆地と文殊との結びつきは深い。かつてこの盆地は「蛇の湖」と呼ばれる湖であったが、ある時、過去仏

106——シ・バヒルの壁画（写真23）の文殊

107——語自在文殊。文殊は睡蓮を持つことも多いが，ここに見られるように睡蓮の上に経函がのることもある。

108———クワー・バハールの中庭におけるチャイトヤの欄楯に見られる語自在文殊。

109———法輪大文殊。ハーリティー祠堂の東面トーラナ。

110———ナーマサンギーティ（名等誦）文殊。ジャナ・バハール境内。

の一人である毘婆尸《びばし》仏がこの地を訪れ、蓮の種を投げ入れたと伝えられる。半年後の満月の夜、その蓮は開き、その華の中心にはスヴァヤンブー（自ら生まれる者）の像が光り輝いていた。この後、ここを幾人かの仏が訪れた。やがて、文殊がここを訪れ、湖水の中に輝くスヴァヤンブーの像を見つけ、盆地を囲む山を切り開いて、水を放出した。これより後、盆地に人が住むようになったと言う。カトマンドゥでは今日も、仏教寺院それ自身が構成するマンダラの中でさまざまな文殊がそれぞれの機能を果たしている。クワー・バハールのチャイトヤ（図15、36）にも五仏や観自在とともに文殊の像が見られる（図108）。

写真109は、スヴァヤンブー仏塔の西側にある、ハーリティ

一祠堂（写真191）の東面トーラナに見られる法輪大文殊 Dharmacakramahāmañjuśrī である。両脇にはケーシニー Keśinī（髻設尼）の化身たるヴァラダー Varadā と、ウパケーシニー Upakeśinī（鄔波髻設尼）の化身たるモークシャダー Mokṣadā とが見られる。[☆31] これは過去に文殊が化身の姿をとって、かの二人の伴とともに盆地を訪れたという伝説に依るものであろう。

写真110はジャナ・バハール境内におけるナーマサンギーティ Nāmasaṃgīti（名等誦）文殊の像である。この文殊像の特徴は、一対の手が頭上で組み合わさり、他の一対が合掌し、もう一対が鉢を持つことである（図111）。この名称は『ナーマサンギーティ』*Nāmasaṃgīti*（聖文殊真実名義経）という一つのタントラの名称でもある。[☆32] ネワールの仏教徒の間では最もよく読誦されている経典である。この経典は文殊のさまざまな徳を讃えているが、その中で今日のナーマサンギーティ文殊の姿が規定されているわけではない。この姿の文殊はとくにカトマンドゥ盆地においてはよく知られている。

図112は本初仏 Ādibuddha としての文殊であるが、これは宇宙をつくりだす力を持ち、しかも文殊の姿をとった仏である（23ページ参照）。

111——ナーマサンギーティ文殊

112——本初仏文殊（アーディブッダ・マンジュシュリー）。スヴァヤンブーの仏塔は本初仏を祀ったものと言われる。

ナーマサンギーティの七文殊

113——知薩埵文殊

114——金剛剣文殊

115——慧知文殊

知薩埵《ジュニャーナ・サットヴァ》 Jñānasattva 文殊（図113）は、六面を有する。これは図114～119の六文殊それぞれが属す「六族」を表わしている。知薩埵は二臂で蓮華の上にある般若経を持つ。「金剛執菩薩がシャーキャ・ムニに請うたので知薩埵の『ナーマサンギーティ』が説かれた」と伝えられる。[☆33] ジュニャーナ・サットヴァとは、一般には、行者が観想法によって尊格を眼前に存在するかのように招きよせる場合の核を意味する。それは、行者の側にある観想の枠組み——サマヤ・サットヴァ Samayasattva と呼ばれる——ではなくて、行者の外に存する「聖なるもの」の存在（サットヴァ）そのものと考えられる。[☆34] この知薩埵文殊も、おそらく多様で具体的な個々の文殊の化身の背後にひかえる「核」と考えられる。

金剛剣 Vajrakhaḍga 文殊（図114）は、右手に剣、左手に金剛を持ち、阿閦如来の心に住む本初仏（図112参照）の心の智慧輪に住むと言われる。知薩埵文殊は、金剛剣など六つの姿をとって現われる「六文殊」を背後で統轄する。

慧知 Prajñājñāna 文殊（図115）は、右手に剣、左手に円盤を持ち、大日如来の心に住む本初仏の心の智慧輪に住む、と観想される。

図116の語自在 Vāgīśvara 文殊（図120参照）は、右手に剣、左手に宝玉を持ち、宝生如来の心に住む本初仏の心の智慧輪に住む。語自在文殊は法界マンダラの中尊となることがある（図261）。

金剛利 Vajratīkṣṇa 文殊（図117）は、右手に剣、左手に蓮華（あるいは、睡蓮 New. palesvāṃ）を持

116—語自在文殊

117—金剛利文殊

118—知身文殊

119—アラパチャナ文殊

ち、阿弥陀如来の心に住む本初仏の心の智慧輪に住む。

知身 Jñānakāya 文殊（図118）は、右手に剣、左手に二重金剛を持ち、不空成就如来の心に住む本初仏の心の智慧輪に住む。

アラパチャナ Arapacana 文殊（図119）は、右手に剣、左手に経函を持ち、菩提心金剛 Bodhicittavajra の心に住む本初仏の心の智慧輪に住む。この文殊の名は、ある真言を構成する語のイニシャルをとったと言われる。剣と経函は文殊に最も特徴的な持物であり、この形の文殊は、インド、ネパール、さらにはチベット、中国においてもよく知られている。[☆35]

以上の七文殊は、カトマンドゥ盆地において『聖文殊真実名義経』を中心として尊崇されている一グループである。[☆36]

法界語自在文殊

写真120は法界語自在文殊である。この文殊は大日如来の変化身と言われ、大日如来と同じ乗物である獅子に乗り、身容や持物も大日のそれに近い。ハカー・バハールの法界語自在マンダラ（写真53）の中央——つまり、金剛界マンダラの大日の位置——に現われているのはすでに見た。この文殊は六臂（写真120）[☆37]、十臂（写真53）、あるいは八臂を有する。

『完成せるヨーガの環』二一章「法界語自在マンダラ」では、四面八臂を有し、「五仏の化仏を頭上に戴き、一対の手は転法輪印を、右の三臂が剣、矢、金剛を、左の三臂が般若経函、弓、金剛鈴を持つ」[☆38]。

文殊の有する「聖性」の度はきわめて高く、これまで見てきたように、しばしば仏の姿をとるのである。

120——法界語自在文殊。カトマンドゥ国立博物館蔵

弥勒

弥勒 Maitreya（慈氏、「慈から生まれたもの」）は、シャーキャ・ムニにより成仏を予言され、命の終った後、兜率天に生まれ、そこにおいて将来、この世に下生するのを待つと言う。弥勒が自らの父母を選んで母梵摩越《ぼんまえつ》の右脇より生まれたという伝説は、シャーキャ・ムニがその最後の前生において燃燈仏（写真62―63）より成仏の予言を受けて、兜率天に生まれ、そこで説法した後、浄飯王とマーヤー夫人を父母に選んで、マーヤー夫人の右脇より生まれるまでの一連の伝説と呼応する。☆39

中国や日本では如来形で表わされることもあるが、菩薩形が多い。☆40 ネパールでも一般には菩薩形で表わされる。☆41

121———弥勒。瓶は弥勒の特徴である。

菩薩の職能

観自在菩薩や文殊菩薩のイメージを見てきたのであるが、彼らの一般的な職能は、人々を導くことと、おのれ自身仏となるべくおのが歩みを進めることである。「菩薩」（bodhi-sattva《ボーディ・サットヴァ》）という名の意味はまだよくわかっていないが、一般には「悟り《ボーディ》への勇気《サットヴァ》を持つもの」と理解されており、チベット語でもそのように訳されている。ともあれ、菩薩の存在が大乗仏教を特質づけていることは確かである。

「法蔵菩薩が阿弥陀仏になった」ように、菩薩は仏となりうる、あるいはすべての菩薩はそれを目指しているということが、菩薩の性格、さらには仏教パンテオン全体の性格を特色づけている。菩薩は、衆生から仏へと移動している存在である。仏教における宗教実践――他者および自己の救済、あるいは成仏を目指すこと――は、まさに菩薩の行為によって示される。「聖化された」存在という意味では、仏も菩薩も同じである。菩薩は、しかし、完成された高みに住むというのではなく、迷いの世界にある人々が自分たちの生活の中で接することができる存在なのである。このようにして仲介者としての菩薩が仏教パンテオンの動態のエネルギーを供給する。ヒンドゥーのパンテオンにはヴィシュヌ神などの化身は登場するが、仏教パンテオンの菩薩に相応するような神格グループは存在しない。ここにこの二つの宗教の違いがあると言っても過言ではない。

122———普賢菩薩。右手に与願印，左手に睡蓮（ウトパラ）の上にある剣を持つ。このウトパラの葉は実際の形には描かれていない。

123———無尽慧菩薩。右手に剣，左手に施無畏印。*NPY*（完成せるヨーガの環），p.58 には「左手に施無畏印と蓮華（カマラ）を有する」とある。

法界語自在マンダラの十六大菩薩

不空羂索観自在のまわりには、金剛界マンダラ（成身会）に現われる十六大菩薩が見られた（図105）。ネワール仏教では法界語自在マンダラがよく知られているが、このマンダラには別の十六菩薩が現われる。彼らは中尊文殊をとりまく第三院において四方に配されている。☆42 いわゆる賢劫十六尊である。

			身体の色
東方	普賢	Samantabhadra	黄
	無尽慧	Akṣayamati	黄
	地蔵	Kṣtigarbha	黄
	虚空蔵	Ākāśagarbha	緑
南方	虚空庫	Gaganagañja	黄
	宝手	Ratnapāṇi	緑
	海慧	Sāgaramati	白
	金剛蔵	Vajragarbha	青睡蓮の色
西方	観自在	Avalokiteśvara	白
	勢至	Mahāsthānaprāpta	黄
	月光	Candraprabha	白
	光網	Jālinīprabha	桃
北方	無量光	Amitaprabha	白
	弁積	Pratibhānakūṭa	黄
	除憂闇	Sarvaśokatamonirghātamati	サフラン色
	除蓋障	Sarvanivaraṇaviṣkambhin	青

125———虚空蔵菩薩。右手に如意樹，左手に如意宝。親指と人指し指とが小さな宝珠を持つ。

124———地蔵菩薩。右手に触地印，左手に蓮華（アブジャ）の上にある如意樹を持つ。

127———宝手菩薩。右手に宝玉，左手に蓮華（アブジャ）の上にある月輪を持つ。

126———虚空庫菩薩。右手に，虚空蔵菩薩の場合と同様に，如意宝，左手に瓶の中に入った如意樹を持つ。

129———金剛蔵菩薩。右手に金剛杵，左手に蓮華の上にある『十地経』を持つ。

128———海慧菩薩。右手に法螺貝，左手に剣を持つ。*NPY*，p. 58，註11のB写本の読みと一致する。

131———勢至菩薩。右手に剣，左手に蓮華（パドマ）を持つ。

130———観自在菩薩。右手に与願印，左手に蓮華（サロージャ）を持つ。ここでは観自在は文殊をとりまく者の一人である。

133———光網菩薩。右手に蓮華の上にある剣，左手に蓮華(アブジャ）の上にある月輪を持つ。*NPY*，p.58には「右手に剣を」とのみある。

132———月光菩薩。右手に金剛杵，左手に蓮華（パドマ）の上にある月輪を持つ。右手の持物は *NPY*，p.58の記述と異なる。

135———弁積菩薩。右手に，親指と人指し指の先を合わせたチョーティカー印，左手に蓮華（パドマ）の上にある短剣を持つ。

134———無量光菩薩。右手に蓮華の上にある二重金剛，左手に蓮華（アブジャ）の上にある壺を持つ。*NPY*，p.59に「右手に二重金剛を」とある。

136———除憂闇菩薩。右手に五鈷杵を持ち，左手に妃を抱く。菩薩自身も女性であるかのように描かれている。

137———除蓋障菩薩。蓮華の上にある短剣，二重金剛のついた旗を持つ。*NPY*，p.59 に「右手は短剣を持つ」とある。

『スヴァヤンブー・プラーナ』の八大菩薩

大乗仏教のパンテオンでは八尊の菩薩が一つのグループをしばしば構成する。その八尊の名称は地域・時代によって異なるが、スヴァヤンブー仏塔の由来を述べる『スヴァヤンブー・プラーナ』には次のような八菩薩、すなわち、(一)弥勒、(二)虚空蔵、(三)普賢、(四)金剛手、(五)文殊、(六)除蓋障、(七)地蔵、および(八)虚空庫が現われる。[☆43]

この八大菩薩の中には観自在の名は含まれていない。観自在はこれらの八菩薩が人々を救済するよう、彼らに命令を下す立場にあるからだ。『スヴァヤンブー・プラーナ』におけるこれらの菩薩の因縁話には幾つかの共通なモティーフがある。それぞれの菩薩は己が身体の光を岩あるいは石に入魂し、それに対して供養するように人々に勧めるのである。ただし、普賢菩薩の因縁話においては入魂のモティーフは現われない。というのは、この話が、ネパールの国——カトマンドゥ盆地——を水びたしにしてしまったクリカ竜王が普賢にこらしめられて盆地の外に出ていく、というものであって、盆地に住む人間が後に菩薩を供養するという筋書きではないことによるのであろう。他の菩薩の話にあっては、救済された人々は後に、菩薩により入魂された岩あるいは石を菩薩として、あるいはその化身として供養するのである。

第四章

女神

138———阿弥陀如来の乗物としての孔雀
(スヴァヤンブー仏塔西龕)

仏の力（シャクティ）としての妃

インド、ネパール、チベットの後期仏教パンテオンにおいて、女神の地位は高く、種類も多い[☆1]。僧の姿で表わされた仏は、やがて装飾をつけた菩薩の姿でも表現されるようになり、さらにしばしば妃を抱くようにもなった。これは性に対する考え方が、タントリズムにおいては、それ以前と異なったことを示すと考えられる。すなわち、以前には性は僧にとって否定さるべきもの、抑制さるべきものであった。したがって、初期大乗仏教の仏たちは妃を抱くといったような姿では表現されない。後世、ヒンドゥー・タントリズムおよび仏教タントリズムは、それまでアーリア系の正統バラモンの系統には見られなかった「血、骨、皮の儀礼」を自分たちの教義の中に積極的にとりいれるとともに、否定さるべきものであった性を、むしろ肯定すべき「聖なるもの」とみなすようになった。「俗なるもの」の意味転換が行なわれたのである。

七、八世紀以降のヒンドゥー教においては女神崇拝が盛んになり、タントリズムの流行と女神崇拝の興隆とはある程度平行した。仏教タントリズムもまた女神崇拝に強く影響された。「神」の妃のことをシャクティ（śakti）と呼ぶが、この語は力あるいは性力を意味する。つまり、それぞれの妃はそれぞれの男神の力であると考えられたのである。このようにして、仏教においてもそれぞれの仏たちの伴侶が決められて、マンダラの中で仏と対をなして並ぶようになった。

五仏と五族

仏教パンテオンの中心的な存在である五仏は、さまざまな尊格の五つの部族の「親」あるいは「祖先」とみなされる。すなわち、五仏はそれぞれ妃を得てその部族の者たちを生むのである。それらの部族は、瞋部、癡部、貪部、如意宝珠部および三昧耶《サマヤ》部である。それぞれの部族に属する諸尊は、その「親」（「祖先」）を示すために、その「親」である五仏の一つの小さな像（化仏）を頭上に戴くことが多い[☆2]。

五仏それぞれの妃は、時代、地域によって異なるが、一般には、左の表に見られるとおりである（図34参照）。菩薩たちもまた「子」あるいは「仏より流出したもの」としてそれぞれの部族に属す。

族名	五仏	妃	菩薩
瞋部	阿閦	仏眼仏母（ローチャナー）	金剛手
癡部	大日	ヴァジュラダートヴィーシュヴァリー	普賢
貪部	阿弥陀	白衣明妃（パーンダラー）	蓮華手（観自在）
如意宝珠部	宝生	我母（マーマキー）	ラトナパーニ
三昧耶部	不空成就	ターラー（多羅）	ヴィシュヴァパーニ

［表3］

仏の妃の他にも夥しい数の女神が仏教パンテオンに登場する。彼女らに与えられた「聖性の位階」もさまざまであり、職能も多様であるが、一括してこの章で扱うことにした。

般若仏母

初期大乗仏教では短期間のうちにさまざまな運動が平行して登場したが、その中の最も重要なものに般若経典類の運動がある。その経典の編纂は紀元前一世紀頃から後世、タントリズムの時代まで続いた。この経典類は般若波羅蜜（prajñāpāramitā，智慧の完成）を説いたのであるが、この「智慧の完成」が女神般若仏母として神格化されるに至った。M・エリアーデはこの女神とターラー女神（図147—152）とをアーリア・インドの精神史においてはじめて支配的な位置を得た大女神であると言う。[☆3] 確かに仏教パンテオンの中では般若仏母は早くから活躍をはじめているが、後期密教の中ではそれほど重要ではなくなるようである。日本においては般若菩薩、もしくは仏母般若とも呼ばれている。

カトマンドゥ盆地においては、三宝（仏・法・僧）の中の法の象徴として現われることが多く（29ページ）、般若経の写本の扉にも描かれることが多い。一般には般若経と数珠を持つ姿で表現されるが、『観想法の花環』（一五一番）には、一面二臂白色で、右手に蓮華を、左手に般若経を持ち、金剛趺坐に坐す般若仏母の観想法が述べられている（図140）。

139———シ・バヒル壁画（写真23）の般若仏母（般若波羅蜜）。この女神は一般に，右手に数珠，左手に般若経を持つ。

140———般若仏母。この女神が持つ般若経は睡蓮（ウトパラ）の上に置かれることがある（『観想法の花環』Nos. 152—153）。

141―――仏眼仏母。スヴァヤンブー仏塔北東のトーラナ。

五仏の妃

インド大乗仏教のパンテオンの中で女神の活躍は重要ではあるが、ヒンドゥー教の女神ドゥルガー崇拝のごとく、男神シヴァやヴィシュヌに対する崇拝を凌ぐというような勢力を持つには至らなかった。やはり仏教パンテオンの中心は五仏と菩薩にあり、仏教における女尊の位置は、ヒンドゥーの女神のそれよりははるかに低い。仏の妃となる以前から活躍していたターラー女神を除けば、「五仏の妃」の像はカトマンドゥ盆地においては多くない。[☆4] またこれらの妃の姿も互いによく似ている。

142―――仏眼仏母。白色。右手は与願印，左手に蓮華を有する。額，手，足に見られる眼の印がこの女神の特徴である。

143———我母。スヴァヤンブー仏塔南東のトーラナ。

144———我母。青色。左手に蓮華の上に置かれた金剛を持つ。金剛は元来は阿閦の持物である。

仏眼仏母

仏眼仏母《ローチャナー》 Locanā は、阿閦如来の妃であるが、しばしば日本におけるように大日如来の妃とも考えられている。[☆5] ローチャナ (locana) とは眼を意味するが、この女神は如来の眼の持つ力の神格化である。また三世のもろもろの仏たちを生む力があり、「仏母」と呼ばれる。

我母（摩莫枳）

我母《マーマキー》 Māmakī はスヴァヤンブー仏塔では宝生の妃となっているが、阿閦の妃とも言われる。[☆6] この女神はチベットや中国にも知られ、日本の胎蔵マンダラの金剛手院（図252）の摩莫枳（忙莽雞《もうもうけい》）として知られている。

145———白衣明妃。スヴァヤンブー仏塔南西のトーラナ。

146———白衣明妃。赤色。阿弥陀如来の身体と同じ赤い色の蓮華を持つ。パドマーニー Padmānī とも呼ばれる。

白衣明妃

白衣明妃 Pāṇḍarā あるいは半拏羅縛悉尼 Pāṇḍaravāsinī は、「白衣を着る女性」を意味し、白蓮華の中に住み白い衣を着ると言われる。日本では白衣観音と呼ばれることもあるが、いわゆる観自在菩薩の一つではなく大白身観自在とは異なる尊格である。☆7 白衣観自在母とも呼ばれる。

この女神が阿弥陀如来の妃であるという伝承はほぼ定まっているが、阿弥陀自身には諸尊を生む力はなく、阿弥陀に率いられる観自在がその役を引き受けると言われる。☆8 もっとも仏教パンテオンにおいては諸尊の誕生は明確な性行為のイメージを与えないような仕方でなされるのが一般的である。

147———ターラー。スヴァヤンブー仏塔北西のトーラナ。

ターラー（多羅母）

ターラー Tārā は「海や河を渡る」(√tṝ)という動詞より派生した名詞と言われ、「輪廻の海を渡るのを助ける女性」を意味する。チベットではこの女尊はドルマ sGrol ma（救う女性）と呼ばれ、後世、チベット仏教を受け入れた中国では、このチベット名を訳した救度《くど》仏母という名称が用いられた。[☆9] 中国においてはこの女尊の彫像は数多くつくられた。さらに、この女尊は、インド、ネパール、チベットでも最もよく知られた尊格であるが、日本ではほとんど崇拝されず、わずかに胎蔵マンダラの蓮華部観音院（図252）に「多羅《たら》菩薩《ぼさつ》」として現われるにすぎない。[☆10]

148———ターラー。緑色。不空成就の妃としてのターラーは蓮華の上に置かれた二重金剛（viśvavajra）を有することもある。

遊戯坐に坐し、右手に与願印を、左手に蓮華を有するというのがターラーの姿の基本である。一般的には四妃はすべてこのような姿で表現される(図141—148)。白衣明妃(図146)はターラー(図148)と同じ姿を有するが、前者の蓮華は赤色、後者のそれは青蓮華である、と言われる。カトマンドゥでは四妃の中、ターラーがぬきんでて重要であるため、他の妃たちも「マーマキー・ターラー」と言うように「ターラー」の名で呼ばれ、ターラー自身は「聖ターラー」Āryatārā と呼ばれることがある(図142—148の白描下部の銘参照)。

ターラーの起源は中国ではなかろうかとも言われているが、[☆11]現時点では明白ではない。この女尊は不空成就如来の妃とみなされる以前から活躍を続けていた。しかし、インドにおけるターラーの作例は意外に遅く、六世紀以前のものは知られていない。六世紀以降の造営と推測されているエローラ石窟には二五体ものターラー作例が見られ、与願印の他に施無畏印をも有する。[☆12]単身あるいは観自在、弥勒、仏などとともに登場する。後世、インド、ネパール、チベットのタントリズムにおいてターラーは最も有名な女神となった。

149———シ・バヒル壁画(写真23)のターラー。

150———ジャナ・バハール(写真22)の境内のターラー石像。

後世、さまざまな種類のターラーが生まれるが、白ターラー Sitatārā と緑ターラー Śyāmatārā とが有名である。一説によれば、前者は開いた蓮華(開敷《かいふ》蓮華)を持ち、後者は閉じた青蓮華(青い睡蓮)を持つと言う。[☆13]蓮華(padma)と睡蓮(utpala)はインドの初期の作品では区別されていることが多いが、この両者は時代とともにあまり区別されなくなった。図148のターラーの華はこの図の画家によれば青蓮華(睡蓮)である。この二女尊はしばしば観自在の両脇侍として立つ。

一般民衆の間では、ターラーは女神崇拝の興隆に伴い、観自在の「妃」(シャクティ)とみなされるに至った。与願印と蓮華という二特徴はこれらの二尊に共通であり、観自在の身体を女性的にすればターラーとなると言えなくもない。

151———ターラー女神。スヴァヤンブー仏塔の西側に立つ。

152———ワナー・バハール（図12）本堂正面向かって右側に立つターラー。左側には観自在が立つ。

金剛ターラー

ターラー崇拝の発展の中で、密教的ターラー、つまり金剛ターラー Vajratārā が生まれてきた。『観想法の花環』には金剛ターラーの観想法が五点（九三―九七番）含まれており、とくに九七番が金剛ターラー・マンダラの観想法について詳述している。[14] それによれば、「四角形で、四門を具え、八柱に飾られた」楼閣の中央に、「四面八臂で、あらゆる装飾に飾られ、黄金色で、乙女の特質で光り輝く」金剛ターラーが位置する。彼女は四本の右手に、「金剛、羂索、矢および法螺貝を持ち」、三本の左手に「黄色の睡蓮、弓、鉤」を持ち、最後の左手は人指し指をのばして邪悪なるものを威嚇している。この女神の「第一面（東面）は黄金色、南面は白色、北は赤色、西は青色で、結跏趺坐に坐す」。

金剛ターラーのまわりの四方に四人の「供養ターラー」（香ターラー、華ターラー、燈ターラー、塗ターラー）が位置し、楼閣の四門には四人の「門衛女」（金剛鉤女、金剛索女、金剛鏁女、金剛鈴女）がいる。これらの二つのグループはそれぞれ金剛界マンダラにおいてよく知られた外《げ》の四供養菩薩と四摂菩薩とをモデルにしたものであろう。カルカッタのインド博物館などには金剛ターラーの立体マンダラが残されている。[15]

153――ターラー

154――金剛ターラー。『観想法の花環』No.97 とおおよそ一致する。

155——虚空瑜伽女

瑜伽女

「瑜伽女《ゆがによ》」Yoginī《ヨーギニー》とは文字どおりには、女性ヨーガ行者を意味するが、超自然的能力を有する魔女的存在を指す。ヒンドゥー教においてはドゥルガー女神がヨーギニーの典型とされ、しばしば「村の神」(grāmadevatā)となる。仏教ではタントリズムにおいてとくに活躍し、密教行者の宗教実践のパートナーとも考えられる。

ネワールの仏教では三尊の瑜伽女《ヨーギニー》が有名である。ヴィディエーシュヴァリー Vidhyeśvarī 寺院の虚空瑜伽女 Ākāśayoginī(図155☆16)、カトマンドゥ市の南のパルピン Pharping の金剛瑜伽女☆17(図156)、シャンク Śankhu のカドガ・ヨーギニー Khaḍga-

[☆18] yoginī（図157）である。

スヴァヤンブーの仏塔とカトマンドゥ市との境ヴィシュヌマティー Viṣṇumatī にあるヴィディエーシュヴァリー寺院は一六五五年に建立された。小さなチャイトヤが並ぶ中庭を囲んだ建物の正面向かって右に虚空瑜伽女の銅像（約一・二メートル）がある。その姿は図155とほぼ同じである。この寺院は元来はネワール人によって支えられていたが、この女神がタントリズムの要素を多く含むためであろうか、最近ではチベット人の参拝者が多い。

パルピンの金剛瑜伽女の像は、小高い丘の中腹の小さな寺院の二階にある。このあたりは密教行者テーローパ Te lo pa やその弟子ナーローパ Nā ro pa（十一世紀）が住んだとか、チベットに密教を伝えた蓮華生 Padmasaṃbhava がチベットにいく直前に住んでいたとか、言われている地域である。金剛瑜伽女の左足は高くあげられて空を飛ぶさまを表わしており、右足にはシヴァ神が踏みつけられている。

カトマンドゥ盆地の北東部のシャンクの町を見おろす丘にカドガ・ヨーギニーの寺院がある。この女神はシャンク金剛瑜伽女とも呼ばれ、八世紀頃から歴史書に登場し、犠牲獣が捧げられるなど、ヒンドゥー教徒からも崇拝されている。

156——金剛瑜伽女

157——カドガ・ヨーギニー

158——金剛亥母（ヴァジュラヴァーラーヒー）

金剛亥母

ヴァラーハ Varāha（野猪）はヴィシュヌ神の化身の一つであるが、その妃として登場したヴァーラーヒー Vārāhī は野猪の顔をした女神として活躍し、七母神の一神である。仏教タントリズムに組み入れられたヴァーラーヒー（亥母）は、観想法の対象となる一方で、守護尊ともなった。仏教タントリズムにおいては、「金剛」という語で始まる諸尊の名称がすこぶる多いが、金剛亥母もその一つである。図158の金剛亥母は、右手にカルトリ刀を、左手に頭蓋骨杯《カパーラ》を持ち、カトヴァーンガを肩にかけている。この女神の顔は野猪（亥）のそれではなく、美しい女性の顔であるが、野猪の首が女神の頭から横に突き出ている。この姿の金剛亥母はネパールにおいてよく知られている。☆19

無我女と八荼枳尼《だきに》天

「ナイラートマー」Nairātmā という女神の名は無我性を意味するため、「無我女」と訳されてきた。「無我性」とは「空性」（śūnyatā）の同義語である。仏教においては究極的な真理としての空性あるいは悟りの知慧（般若智）は女神として表象される。この女神の身体の色は青である。というのは、空性の色は虚空の色であると考えられているからである。

彼女は図159に見られるように、人間——死体——の上に踊りの一ポーズである半跏坐（ardhaparyaṅka）の姿で描かれる。この女神は二臂を有し、右手に肉を切り取るためのカルトリ刀をふり上げて、左手に頭蓋骨杯を持ち、カトヴァーンガ棒を左肘と左肩で支えている。また、彼女は、宝冠、帯、頸輪、腕輪などで飾られており、「聖性の度合い」も強く、しばしばマンダラの中尊となる。この女神は呼金剛ヘールカ（図68）の妃でもある。

『完成せるヨーガの環』第六のマンダラは、無我女を中尊とするものである。このマンダラの第一輪には、金剛荼枳尼天 Vajraḍākinī などがおり、第二輪の四隅には八人の荼枳尼天(ḍākinī)が次のように八方に並ぶ[☆20](図250参照)。

東	ガウリー	Gaurī	(身体の色) 青 (図160)
南	チャウリー	Caurī	赤
西	ヴェーターリー	Vetālī	黄
北	ガスマリー	Ghasmarī	緑
北東	プッカシー	Pukkasī	青緑
東南	シャバリー	Śabarī	白
南西	チャンダーリー	Caṇḍālī	青赤
西北	ドームビー	Ḍombī	青/赤/白/緑

荼枳尼天(ダーキニー)とは、元来はカーリー女神の侍女であったが、カーリーがシヴァの妃となった後、ダーキニーたちもシヴァをとりまく女神たちと考えられた。彼女らは、血の奉献を望み、人肉を食う恐ろしい存在である。[☆21]「ダーキニー」はチベット語では「虚空を歩く女」(空行母)と言う。荼枳尼天の崇拝は日本に入って、たとえば、豊川稲荷に見られるように稲の神への崇拝と狐崇拝とに結びついた。

159———無我女(ナイラートマー)

160———ガウリー

五《ご》護《ご》陀《だ》羅《ら》尼《に》

図162は、カトマンドゥ盆地における十万塔供養《ラクシュヤ・チャイトヤ》（lakṣya-caitya）の図である。シュラーヴァナ月（五－六月）の終る一日前に、「十万」すなわち無数の塔（チャイトヤ）を描いた絵を捧げて、シンボリカルに塔を寄進する習慣がある。☆22 写真162中央のチャイトヤはスヴァヤンブーの仏塔を描いているが、塔の上部にはシャーキャ・ムニ（図161①）がいる。この位置にはしばしば仏頂尊勝（115ページ参照）がくる。塔の向かって左には白色のセト・マツェーンドラ（②、図75）、向かって右には赤色のラト・マツェーンドラ（③）が見られる。塔の上部には五仏（宝生④、阿閦⑤、大日⑥、阿弥陀⑦、不空成就⑧）が並ぶ。この五仏の並び方はすでに図33で見たものと一致する。塔を囲むようにして護法女神である五護陀羅尼《パンチャラクシャー》（⑨－⑬）が坐っている。☆23

161——十万塔供養の図（図162）の構図

「ラクシャー」とは「守る」（√rakṣ）という動詞より派生した名詞であり、守るための手段、つまり、呪文・陀羅尼を意味する。五護陀羅尼《パンチャラクシャー》のほとんどが七、八世紀までには神格化され、一つのグループとして尊崇されたのはさらに後のことと推測される。☆24 五護陀羅尼の名称と典拠は次のようである。

一、マハープラティサラー Mahāpratisarā（大随求明妃⑨、図4）〔唐・宝思惟訳『随求即求大自在陀羅尼神呪経』（大正蔵、二〇巻、一一五四番）、不空訳『普遍光明清浄熾盛如意宝印心無能勝大明王大随求陀羅尼経』（一一五三番）に相当する〕。

二、マハーサーハスラプラマルダニー Mahāsāhasrapramardanī（大千摧砕明妃⑫、図3）〔宋・施護訳『守護大千国土経』（大正蔵　一九巻、九九九番）に相当する〕。

三、マハーマーユーリー Mahāmāyūrī（大孔雀明妃⑪、図5）〔梁僧伽婆羅訳『孔雀王呪経』（大正蔵　一九巻、一九八四番）、鳩摩羅什訳『孔雀王呪経』（一九八八番）、義浄訳『大孔雀呪王経』（九八五番）、不空訳『仏母大孔雀明王経』（九八二番）などに相当する〕。

四、マハーマントラーヌサーリニー Mahāmantrānusāriṇī（密呪随持明妃⑬、図2）〔宋・法天訳『大護明大陀羅尼経』（大正蔵　二〇巻、一〇四八番）に相当する〕。

162———十万塔供養の図に現われる五護陀羅尼。カトマンドゥ国立博物館蔵（図7参照）。

五、マハーシタータヴァティー Mahāsītātavatī（大寒林明妃⑩、図6）〔宋・法天訳『大寒林聖難拏陀羅尼経』（大正蔵二一巻 一三九二番）に相当する〕。

五護陀羅尼は病気や財産の喪失といった困難の時、長寿を願う時などに崇拝される。これらの五女尊はネワール仏教ではとくに重要であり、五女尊の陀羅尼をまとめたサンスクリット・テキスト『パンチャラクシャー』*Pañcarakṣā* の写本も数多く残されている。☆25

これらの女尊の姿は、それぞれの陀羅尼の特徴を反映させることがある。たとえば、大孔雀明妃《マハーマーユーリー》は左手に孔雀の羽を持つ。この女尊の陀羅尼は蛇に咬まれるのを避ける効力があると信じられているが、孔雀は蛇の天敵である。

五護陀羅尼の図像学的特徴は明らかに五仏のそれに負っているところがある。大随求明妃は五女尊の中心的位置を占め、大日如来と同様に、身体は白色で、獅子を乗物とし、円輪を持つ。五護陀羅尼の乗物は五仏のそれと一致するわけではないが、大千摧砕明妃、大孔雀明妃、密呪随持明妃、大寒林明妃は、それぞれ東方、南方、西方、北方に位置し、それぞれ阿閦、宝生、阿弥陀、不空成就の妃と考えられることが多い。儀礼の中で五護陀羅尼は五仏の代わりとなることもある。

163———大寒林明妃（北）

164———大孔雀明妃（南）

166———密呪随持明妃（西）

165———大随求明妃（中央）

167———大千摧砕明妃（東）

163–167———*Pañcarakṣāsamādhi*（写本）による。図162の方角もこれらの場合と一致する。しかし，『完成せるヨーガの環』p.42では，大千摧砕（白）が東，密呪随時（青）が南，大寒林（赤）が西，大孔雀（緑）が北に位置する。チベットの伝統では，大千摧砕（青）が東，大孔雀（黄）が南，密呪随時（赤）が西，大寒林（緑）が北に位置する〔bSod nams rGya mtsho　1983 : No.5〕。

持世

富と財宝の女神ヴァスダーラー Vasudhārā は、カトマンドゥの民衆の中で最も人気のある女神の一人である。この名称は「宝を持つ女性」を意味する。ヴァスンダラー Vasundharā (大地)とも呼ばれる。日本では持世観音の名で親しまれているが、これは「世（ヴァス）を持つ（保つ）もの」という意味に解釈されたためであろう。

日本ではこの尊格は、右手に吉祥果をとり、左手に施無畏印を結び、さまざまな瓔珞、宝冠によって飾られ、一面二臂で表わされる。[☆26] 吉祥果つまりザクロの実は多産・豊穣のシンボルであり、元来はペルシア、中央アジアより伝えられたものである。日本における鬼子母神もまたこの実を持つ。

しかし、インド、ネパールでは一般には穀類の穂あるいは穂の入った瓶を持ち、これがこの女神の特徴である。カトマンドゥ盆地では、この女神は、三面六臂、黄色で表わされる

168———シ・バヒルの壁画（写真23）の持世

169———ヴァスダーラー。カトマンドゥの一般家庭の壁に貼られている絵の縮少図。

ことが多い。図168—171に見られるこの女神の印、持物は一致している。右の三臂はそれぞれ与願印、財宝、数珠を、左の三臂は瓶、穂、経函を持ち、遊戯坐に坐している。この女神の右第二臂の持物は宝を意味する。この宝の表現は図168—171に見るようにさまざまである。

ヴァスダーラーは、宝生如来に率いられた如意宝珠部に属すと考えられ、しばしば額に宝生の化仏を戴く。この女神は同じく如意宝珠部に属す男神ジャンバラ Jambhala の妃であり、この二神の合体像が描かれる場合もあるが[☆27]、カトマンドゥ盆地ではヴァスダーラーは単身で表現されることの方が多い。因みに、ジャンバラの原型は富の神クベーラ（図238）であると言われ[☆28]、ジャンバラ自身も富の神である。

ヴァスダーラーは仏の妃ではなく、またターラー女神のように衆生の精神的救済に深くかかわるのではない。その職能はむしろ人々に現世利益をもたらすことである。この女神を本尊にした大きな寺院はまずないと思われるが、彼女の像は寺院の壁画（写真168）、ストゥーパの傍ら（写真171）、町の四辻などさまざまなところに見られ、一般家庭用に町の中で売られている白描の中でも最も人気のある尊格である（写真169）。

170———ヴァスダーラー。瓶の口に右足をのせている。バクタプール国立博物館のヴァスダーラー像は右足を蓮華の上に置く。

171———スヴァヤンブーナート寺院の境内におけるヴァスダーラー。左足の近くにある丸いものは供物である。

図172のヴァスダーラー立像の描き手は図170のそれと同一である。この二点および図168—171に見るように、カトマンドゥでは六臂で表現されることが多いが、バドガオンの博物館に見られるように二臂の場合もある。☆29

図172の上段には向かって左からダルマラトナ Dharmaratna(法宝)、阿閦、宝生、サンガラトナ Saṅgharatna (僧宝)が、その下には向かって左から仏頂尊勝(115ページ)、斗母(118ページ)が見られる。第三段には向かって左からブラフマン、ヴィシュヌ、最下段にはシヴァとクマーラというヒンドゥー教の主要神が描かれている(140ページ)。

172——ヴァスダーラー。中央の面は黄色、右面は肌色、左面は赤色である。

173———仏頂尊勝。身体は白色，三面は中央が白，右が黄，左が青。この女神の右にはローケーシュヴァラ（観自在）、左には金剛手が見られる（『観想法の花環』p.417-8）。

174———仏頂尊勝。チュシュヤー・バハールのほおづえには一面二臂の立像がある。

仏頂尊勝

仏頂尊勝《ウシュニーシャヴィジャヤー》　Uṣṇīṣavijayā
は仏陀の頭頂《ウシュニーシャ》、すなわち仏智を神格化したものと考えられる。
この女尊は大日如来に率いられる部族（癡部）に属し、自らの宝冠にはしばしば大日の化仏を戴く。白色三面八臂で表わされることが多く、一本の右手に高くかかげられた仏像がこの女神の最も重要な図像学的特徴である。『観想法の花環』（一九一番）には白色三面八臂のこの女神のイメージが述べられているが、その記述と一致する彫像がカルカッタのインド博物館にある。[☆30] この女神は仏塔の内部に住むと考えられている。写真173はスヴァヤンブー仏塔に住む仏頂尊勝を示すが、これは「長寿の祝いの図」（写真207）の一部である。この女神は長寿を与えると信じられている。

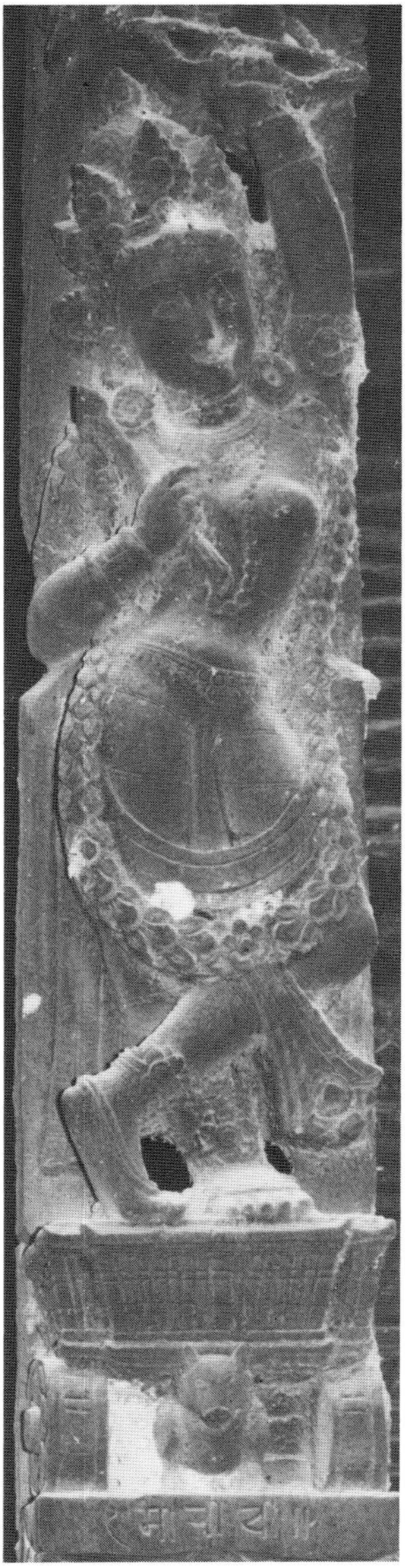

175——一頭の野猪に曳かせた車に乗るマーリーチー。チュシュヤー・バハールのほおづえ。

摩利支天

摩利支天《マーリーチー》 Mārīci は「陽炎《マリーチ》(marīci)から生まれた女性」を意味する。この女神はしばしば猪に曳かせた車に乗っている。その野猪の数は一頭の場合もあれば(写真175)、五頭のときもあるが(図176)、七頭の場合が多い☆31。車に乗ったこの女神の姿は、七頭の馬に曳かせた馬車に乗った、ヒンドゥー教の太陽神スールヤ(写真242参照)を思い起こさせる。元来は太陽神であるヴィシュヌ Viṣṇu は野猪に化身することがあるが、その化身は太陽のエネルギーの具現と考えられている。このようにこの女神は、仏教における太陽神であり、明方に儀礼の中で呼び出される。

日本では威光菩薩とも呼ばれ、さまざまな姿で表わされる。二臂のときには左手に天扇(払)を持ち、三面六臂のときには左手に弓、線、無憂樹の枝、右手は箭、針、金剛杵を持ち、三面八臂のときには左手は羂索、弓、無憂樹の枝、線、右手に金剛、針、鉤、箭を持つ☆32。『観想法の花環』(二四三番)に、六面十二臂で、猪に車を曳かせ、右手に剣、矢、金剛などを、左手に無憂樹の枝、ブラフマンの首、弓などを持つとある。

176——摩利支天

177——パルナ・シャバリー

パルナ・シャバリー

パルナ・シャバリー Parṇaśabarī は、パルナ・シャバラ族の女神であり、「木の葉」（パルナ）を腰にまとった女神の姿で表わされる。この族は「東南辺境の山岳地帯・森林地帯に住む未開民族であった」と考えられている。[☆33]この女神は仏教パンテオンの中に組み入れられ、災害を除く力、とくに伝染病を鎮める力を持つ尊格として尊崇されてきた。『パルナ・シャバリー陀羅尼』が残されている。[☆34]後世、さまざまな変容の後に日本では葉衣観音となった。日本の胎蔵マンダラの葉衣観音では、しかし、木の葉の衣は描かれていない。[☆35]

インド、ネパールでは、この女神は不空成就の率いる部族に属し、身体の色もこの如来と同じ緑色であるが、阿閦如来の率いる部族に属すとも考えられている。『観想法の花環』（一四八番）では、「右手に金剛、斧、矢を、左手にタルジャニー印とともに羂索、葉の束、弓を持つ」と述べられている。

178———一面二臂のパルナシャバリー。チュシュヤー・バハールのほおづえ。

179——一面二臂の斗母(グラハ・マートリカー)の立像。チュシュヤー・バハールのほおづえ。

斗母

古代インドでは人にとりつき、病などの不幸を移すと考えられた魔的なもののグループを「グラハ」(graha)と呼んだ。この名称は「把える」(√grah)という動詞より派生している。後世、月や星などの天体が人の幸・不幸を司るという意味で、「グラハ」と同一視、あるいは結びつけられた。インド、ネパールでは「九体のグラハ」(九曜)がよく知られている(134ページ)。

もろもろの天体を統べる斗母(諸星母)Graha-mātṛkā《グラハ・マートリカー》がカトマンドゥでは活躍する。この女神の典拠は、『諸星母陀羅尼』*Ārya-grahamātṛkā-nāma-dhāraṇī*[☆36]であり、別名をマハーヴィディヤーMahāvidyāとも言う。『ダルマコーシャ・サングラハ』*Dharmakoṣa-saṃgraha* では、三面六臂で、転法輪印、金剛、矢、蓮華、弓を持つと述べられている。[☆37] 一方、図172(第二段右)の斗母は六臂であり、写真179では二臂であるというように、臂の数は一定ではない。

カトマンドゥでは、斗母、持世、仏頂尊勝、摩利支天、パルナ・シャバリー、ヴァジュラヴィダーラニーVajravidāraṇī、ガナパティフリダヤーGaṇapatihṛdayāの七女神が一つのグループをつくることがある。チュシュヤー・バハール(図21)のほおづえにはこの七女神それぞれの像がある。[☆38]

弁財天

サラスヴァティー Sarasvatī とは元来は、ヴェーダ時代に実際にあった河であるが現在は砂に埋もれてしまったと言われる。後世、ヒンドゥーの人々はこの河を神格化し、智慧の女神弁財天として尊崇してきた。この女神は創造神ブラフマンの妻あるいは妹であるとも、ヴィシュヌ神の妻の一人とも言われる。仏教のパンテオンの中にも組み入れられ、さまざまな姿のサラスヴァティーが生まれた。[☆39]

カトマンドゥ盆地ではあちこちの小さな社の中にサラスヴァティーの像があり尊崇を集めているが、そのような場合には仏教の尊格であるかヒンドゥーの女神であるかの区別はつけにくい。どちらの宗教にもよく知られた尊格だからである。もっとも、ヒンドゥー教においてよく知られた尊格であるためであろうか、仏教パンテオンにおけるサラスヴァティーの地位はそれほど高くない。

仏教タントリズムにおけるサラスヴァティーの変容の一つに、金剛サラスヴァティー Vajrasarasvatī がある。『観想法の花環』(二六三番)によれば、この女神は三面六臂三眼で、「蓮華、剣、カルトリ刀を右手に、頭蓋骨杯、宝、円輪を左手に持ち、展左の姿勢で立つ」(図180)[☆40]。

180———ヴァジュラサラスヴァティー。仏教タントリズムの中で変容した多種類のサラスヴァティーのほとんどが，彼女の特徴であった楽器ヴィーナーを持たない。

181———矢をつがえるクルクッラー。一般にはこの女神の矢は茎のついた花である。

クルクッラー

クルクッラー Kurukullā は阿弥陀の部族に属する。

この女神の陀羅尼は、増益(vaśīkaraṇa)[☆41]、つまり、他人の心を自分の思うようにしたいと望むときとか、蛇に咬まれたときの呪文として用いられた。二臂、四臂、六臂、あるいは八臂を有するが、脚の形はナイラートマー女神と同様に、片足をもう一方の腿につけて立つことが多い。この女神は花の矢をつがえているが、花の矢は、ヒンドゥー教の愛の男神カーマ Kāma の武器を思い起こさせる。彼は春の神ヴァサンタを友とし、春に咲いた花で人の心を射ると言う。カーマとその妻ラティ(悦び)はクルクッラー女神とともに描かれることがある。

八母神（アシュタ・マートリカー）

大地母神の伝統は古くインダス文明まで遡ることができるが、すでに述べたように、ヴェーダの宗教の時代には大地母神あるいは女神に対する崇拝は小さな勢力を得たのみであった。ヴェーダの時代にあっては次の時代への保管として底流にあった母神崇拝が、ヒンドゥー教の時代となると湧き上がってきた。しかし母神たちは、古代の姿のそのままを再び現わすのではなくて、当時、勢力を得はじめていたシヴァ神、ヴィシュヌ神、あるいはすでにかつての勢力を失ってはいたがやはり重要な神格であったインドラ神といった男神たちの妃という姿をとって現われた。それぞれの男神の妃としての側面が強調されるよりも、母神（mātṛkā）としての側面が強調される場合には、彼女らは「七母神《サプタ・マートリカー》」Sapta-mātṛkā として七人のグループとして登場する。[☆42]

七母神に対する崇拝は、すでにクシャーン朝に存在したと言われる。七母神の名称は左の表（①から⑦まで）に見るとおりである。それぞれの女神は、五仏や五護陀羅尼と同じように、特定の動物を乗物としているが、左の表はそれぞれの乗物としての動物、さらにはそれぞれの母神の夫あるいはパートナーを示している。後世、七母神にマハーラクシュミー（表4⑧）が加えられて、「八母神《アシュタ・マートリカー》」Aṣṭa-mātṛkā となった。おそらくはベンガルあるいはビハールにおいて八母神が生まれたのであろうが、その年代や場所は今日、不明である。ネパールでは、七母神より八母神の方がよく知られている。

185――ヴァイシュナヴィー

184――カウマーリー

182――ブラフマーニー（右ページ右）

183――ルドラーニー（右ページ左）

［表 4］

番号	母神	乗物	夫(あるいはパートナー)
①	ブラフマーニー Brahmāṇī[1)]	ハンサ鳥	ブラフマン
②	ルドラーニー Rudrāṇī[2)]	牛	ルドラ（シヴァ）
③	カウマーリー Kaumārī	孔雀	クマーラ
④	ヴァイシュナヴィー Vaiṣṇavī	ガルダ鳥	ヴィシュヌ
⑤	ヴァーラーヒー Vārāhī	水牛	ヴァラーハ(ヴィシュヌ)
⑥	インドラーニー Indrāṇī[3)]	象	インドラ
⑦	チャームンダー Cāmuṇḍā	死体[4)]	ヤマ
⑧	マハーラクシュミー Mahālakṣmī	獅子	ヴィシュヌ

1) Brahmāyaṇī,　2) Rudrāyaṇī,　3) Indrāyaṇī ともネパールでは言う。

4) インドではフクロウが一般的である。

186——ヴァーラーヒー

187——インドラーニー

七母神がインドの文献に初めて明確に登場するのは『女神の偉大さ《デーヴィーマーハートミャ》』Devīmāhātmyaである。この中で七母神はドゥルガー女神を助けて水牛の姿をとる魔神を殺すのである。エローラ第十四窟には七母神の石像が、表4の①から⑦への順序で向かって左から——母神たちにとっては右から——一列に並ぶ。[☆43] このように並ぶ石像の作例は、今日、インド各地の博物館に残されている。[☆44]

タントリズムの時代となると血を供物として要求する、シヴァの畏怖相バイラヴァBhairavaに対する崇拝が盛んになった。一方、「狩の女神」ドゥルガーは、血を好む女神の性格を強め、もともと血を飲む女神であるカーリーKālī女神やチャームンダーCāmuṇḍāと同一視されるに至った。一方、八母神はかつての夫・パートナーを捨てて、バイラヴァ——ネパールではバイラブBhairabと呼ばれる——と対をなすようになった。八母神と組をつくる八人のバイラヴァは「八バイラヴァ」Aṣṭa-bhairavaと呼ばれる。カトマンドゥ盆地においては八母神と八バイラヴァに対する崇拝が重要であり、寺院の屋根を支えるほおづえにしばしばこれら十六尊の像が見られる。[☆45]

図182—189は、今日、ネワールの仏教徒の間で用いられている『八母神讃』に基づいたものである。[☆46] この讃歌によれば、ブラフマーニー（黄色）は瓶を持ち、ルドラーニー（白色）は三叉戟と鉢を、カウマーリー（赤色）は短槍《シャクティ》を、ヴァイシュナヴィー（青色）は円盤を、ヴァーラーヒー（赤色）は魚と鉤を、インドラーニー（黄色）は金剛を、チャームンダー（赤色）は剣と盾を持つ。これ以外の持物は絵師の自由にまかされている。たとえば、ブラフマーニーの右手の念珠は、絵師が自分のアイデアによって加えたものである。

189———マハーラクシュミー

188———チャームンダー

190———カトマンドゥ市アサン地区のアンナプールナ寺院の本尊(瓶)のまわりの八母神。最上部の一尊を除く。

カトマンドゥ盆地では、八母神はヒンドゥー教のパンテオンの中でより一層活躍するのであるが、仏教においても、アンナプールナ Annapūrṇa 寺院（図190）あるいはパタン市のゴン・ピャカン寺院の「八母神の踊り」におけるように、よく知られている。[☆47]

191——ハーリティー
192——チュワスカーミニー

鬼子母神

最も一般的な伝説によれば、この女神は王舎城の守護神シャータギリ Sātagiri の妹であり、夜叉パーンチカ Pāñcika の妻となり、五百人の子供を生んだが、他人の子供を奪っては食べていたと言う。「ハーリティー」Hāritī（あるいは「ハーリーティー」Hārītī）とは「〔子供を〕奪う女」を意味する。☆48 人々がシャーキャ・ムニに頼んだところ、彼は彼女の最愛の子ピヤンカラ Piyaṅkara を隠してしまう。自分の子供を探すことのできなかった彼女はシャーキャ・ムニを訪れて、人の子供を殺してしまうことの非を悟ったと言う。彼女の像は子供を抱き、しばしばザクロの実——多産、豊穣を意味する——を持つ。ガンダーラ彫刻にすでに現われ、ネパール、チベット、トゥルキスタン、ジャワ、中国、日本でよく知られている。この女神は古代の地母神崇拝の名残りであり、天然痘などから子供を守ると信じられている。写真191はスヴァヤンブー仏塔西側の陀弥陀像の龕から約一〇メートルのところに建てられた層塔のハーリティー祠堂の本尊である。☆49 膝の上に子供を抱いた姿で表現されている。日本の盆にあたるグンラ祭（七–八月）のときはハゲイトウを持った人々が参拝に集まる。

チュワスカーミニー

図192は、バウダナート仏塔の南のチュワスカーミニー Chhwaskāminī と呼ばれる母神《アジマ》(ajima)の社である。魔神の腹を裂いて食べている姿で表現されている。ネワールの土着の女神であるが、今ではバウダナート近くのチベット人にも尊崇されている。☆50

第五章　護法神

193———宝生如来の乗物としての馬
（スヴァヤンブー仏塔南龕）

如来でもなく菩薩でもないが、仏教パンテオンの中ではかなり高い位置に置かれている男尊のグループがある。このグループにはマハーカーラ、降三世《ごうざんぜ》、不動などが属し、日本においては「明王」の名で呼ばれている。後期のタントラでは十の忿怒尊が護法神の一組をつくることがあるが、彼らもこのグループに属すると考えることができよう。彼らは仏の化身となることもあり、この意味では群小神と区別される。

マハーカーラ（大黒）

マハーカーラ Mahākāla とは、「大いなる黒きもの《マハー・カーラ》」（大黒）を意味するが、ヒンドゥー教においては世界の破壊者としてのシヴァ神の別名である。☆1 また「カーラ」とは時、死神を意味する。時間がもろもろのものを死へと導くところから死神と呼ばれたのであろう。シヴァ神の身体の色はしばしば黒あるいは青黒である。

194 — マハーカーラ

195 — 四臂マハーカーラ

仏教徒はこのマハーカーラを自らのパンテオンに組み入れ、護法神として位置づけてきた。この尊格が「仏」の地位を獲得することはない。このことは、同じくシヴァ神よりもろもろの特徴を受け取ったヘールカが「秘密仏」の位を得ているのと対照的である。チベットやネパールにおいてヘールカが仏としての尊厳を守って自らの図像学的特徴をそれほどにはくずさないのに較べ、マハーカーラは土着的要素を多分に吸収し、さまざまな種類のマハーカーラが生まれた。とくにチベット仏教ではこの尊格の活躍はめざましく、種類も多い。馬に乗るマハーカーラなども登場した。[☆2] カトマンドゥ盆地ではチベットにおけるほどではないが、マハーカーラはやはり重要な尊格である。

図194はマハーカーラの典型を示している。肉を切るためのカルトリ刀を右手に持ち、頭蓋骨のついた棒（khaṭvāṅga《カトヴァーンガ》　元来は行者が脇にはさんで休むための棒）を左手に持ち、髪は逆立っている。[☆3]

図195は四臂マハーカーラであり、『観想法の花環』（三〇五番）に述べられるイメージと一致する。青色で、死体の上に立ち、左脚をのばして（展左）、四臂を有し、カルトリ刀、頭蓋骨杯、剣、カトヴァーンガを持つ。図196のマハーカーラも四臂を有するが、カルトリ刀とダマル太鼓、頭蓋骨杯とカトヴァーンガを持つ。この像はスヴァヤンブー仏塔の美術館の入口近くに置かれてあり、額は人々がつけたクンクマの粉で赤くなっていた。

六臂のマハーカーラもよく知られている。図197は『観想法の花環』（三〇四番）の記述とほぼ一致する。展左で、輝く黄色の髪を逆立たせ、牙をむき、虎皮をまとい、三眼で、一面、忿怒相をとり、三本の右手にカルトリ刀、数珠、ダマル太鼓を、二本の左手に頭蓋骨、三叉戟を、最後の左手は羂索を持ちながら人指し指をのばして悪者を威嚇している。[☆4]

他に八臂、十六臂の場合もあり、妃を抱くマハーカーラが描かれることもある。マハーカーラの持物としてはカルトリ刀と頭蓋骨杯が基本的な特徴である。

196. ——四臂マハーカーラ

マハーカーラが有する三叉戟、ダマル太鼓、虎皮、蛇といった特徴はこの尊格の原型であるルドラあるいはシヴァから受け継いだものである。同様にそれらの特徴を受け取ったヘールカに較べるならば、ゆがんだ顔、つき出た腹、大きな顔に短い脚といったマハーカーラの姿は、「仏」というよりは護法神のそれにふさわしいようである。セト・マツェーンドラ層塔の南面——南は死霊や悪鬼の住む方角である——にある六尊（写真199）はマハーカーラに似ているが、十忿怒尊（ダシャクローダ）の一部と考えられる。

写真198に見られる三角形の石は、シャンク・ヴァジュラヨーギニー寺院（105ページ）の参道に置かれたマハーカーラのシンボルである。ここで山羊などが犠牲として捧げられるため、その三角の石の表面は血のために赤黒い。仏教徒は一般に犠牲獣は捧げないが、この寺院にはヒンドゥー教徒もきて供犠を行なうのである。マハーカーラの持つ、カルトリ刀は犠牲獣の肉を切り取るため、頭蓋骨杯は流れる血を受けるためのものである。

日本における大黒は、俵の上で袋をかついでいるが、これは大国主命崇拝と結びついた結果であり、インド・ネパール、チベットにおける、血の儀礼と結びついた大黒（マハーカーラ）とは別のものである。

197——六臂マハーカーラ

198——マハーカーラを象徴する三角形の石

199—— 十忿怒尊。セト・マツェーンドラの層塔の南面扉。

不動

日本では不動《アチャラ》 Acala（不動尊、不動明王）は、胎蔵マンダラの大日如来の教令《きょうりょう》輪身《りんじん》——つまり衆生を教化するための仮の姿——として密教の仏たちを代表する尊格の一である。カトマンドゥ盆地では日本におけるほど重要視されてはおらず、作例も多くない。

この尊格の誕生はむしろ新しい。八世紀初頭の漢訳経典に「不動使者」とあるのが現在のところ仏教文献における不動の初出個所と考えられている。[☆5] 後期密教では、チャンダローシャナ Caṇḍaroṣaṇa、あるいはチャンダマハーローシャナ Caṇḍamahāroṣaṇa が登場する。[☆6] この尊格は右手に剣を左手に羂索を持ち、忿怒相を有しており、不動の仲間とみなされている。『観想法の花環』（八六番）には、「チャンダマハーローシャナ」とは不動の別名である、と述べられている。チャンダローシャナは左膝（時には右膝）を地につけ、左足（時には右足）を後方に蹴り上げるようなポーズで表わされ（図200、写真201）[☆7]、図200におけるようにしばしば妃を伴う。[☆8] この尊格は日本の不動明王の真言（センダマカロシャナ）にも認められる。

ヤマーンタカ、プラジュニャーンタカ Prajñāntaka などの十忿怒尊の一尊として登場するときは「アチャラ」と呼ばれるのが一般的である[☆9]（132ページ）。

200——チャンダマハーローシャナ。不動の一種。

201——パタン市のマハー・バウダ（図12）の仏塔の一つに彫られたチャンダマハーローシャナ。

降《ごう》三《ざん》世《ぜ》

降三世 Trailokyavijaya（三つの世界を降伏させる者）もよく知られた護法神である。『金剛頂経』「初会降三世品」では、金剛手 Vajrapāṇi と同一視された金剛薩埵が教化しがたい者たちを威嚇して仏道に帰依させるためにとった恐ろしい姿として登場する。「如来の教えに従え」という命令をきかなかった大天（シヴァ）とその妃ウマーたちは、如来と金剛薩埵の呪文によって死んでしまう。その後、「死なせてはならない。生きかえらせよ」という如来の命により、生きかえらされた大天と妃は、「人々にあざけり笑われつつ」降伏したのである。☆10 降三世が左足に踏みつけているのは大天であり、右足が踏みつけているのは妃ウマーである（図202）。

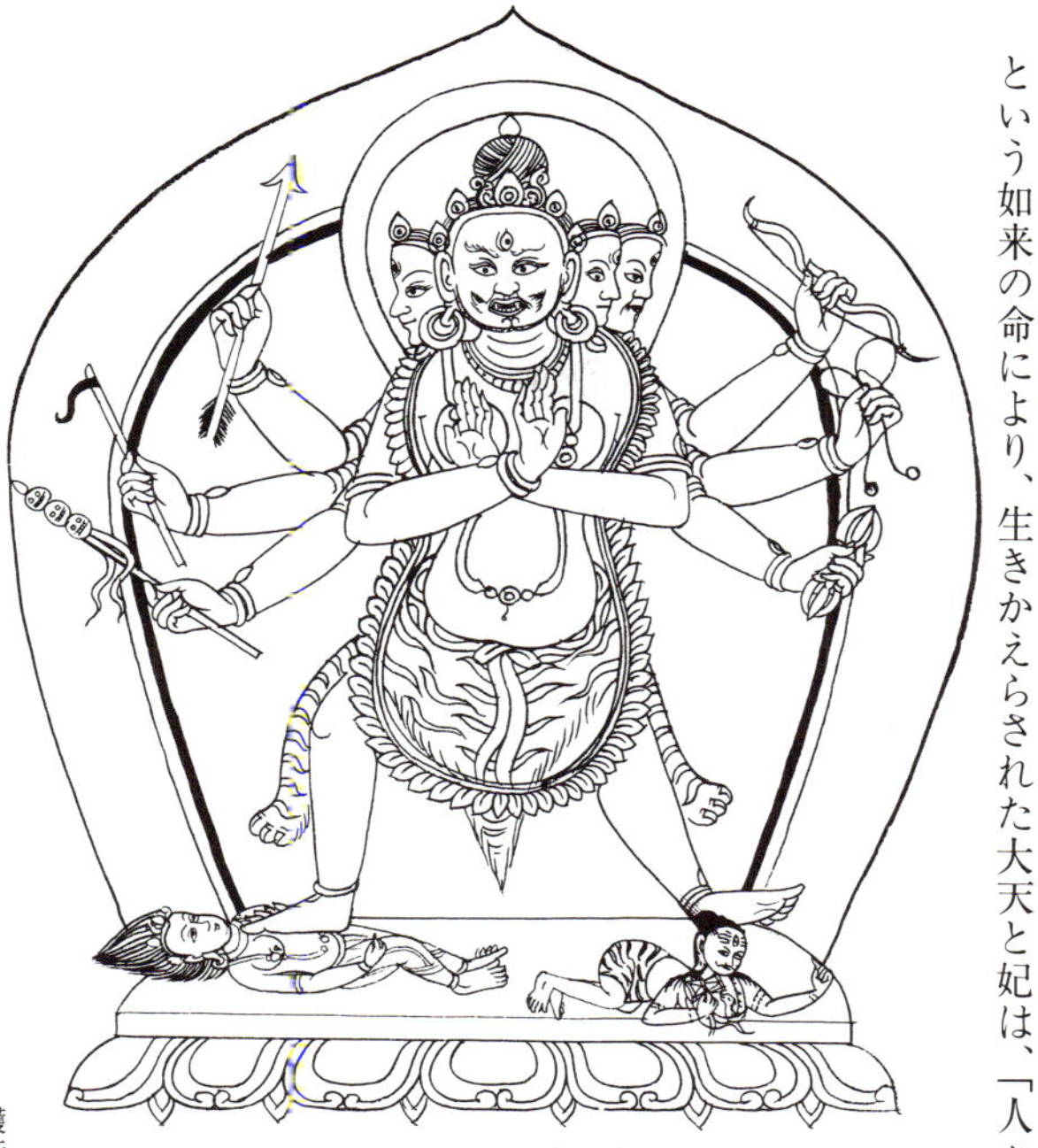

202———降三世（トライローキャヴィジャヤ）

しかし、三眼、虎皮の下着（虎皮裙《こひくん》）といった特徴は元来はシヴァ神の特徴である。ここにおいても、ヘールカの場合と同じように、仏教タントリストたちがヒンドゥーの神々から自分たちの神のイメージの原型をとり、ヒンドゥーの神々を足で踏みつけることによって自分たちの神々の優位性を印象づけようとしていたことがわかる。

『観想法の花環』（二六二番）に描かれる降三世は、青色、四面、八臂で、鈴と金剛を持つ二手が胸の前で交差した印（vajrahūṃkāramudrā 縛日羅吽迦羅印）を有する。三本の右手はカトヴァーンガ、鉤、矢を、三本の左手は弓、羂索、金剛を持つ。展左の姿勢をとり、左足でシヴァ（大天）の頭を踏みつけ、右足でガウリー（ウマー）の胸を踏み、輝く飾りをつけている。図202の降三世はネワールの伝統に依っているが、『観想法の花環』の叙述には従っていない。☆11

日本において降三世は重要な尊格である。大日如来には自身そのもの（自性輪身）、人々を救う柔和な姿（正法輪身）、および仏法に反逆する人々を教化する忿怒の姿（教令輪身）があるが、日本の金剛界マンダラにおいては第一の化身は金剛薩埵であり、第二の化身が降三世であると考えられている。ネワールの仏教においては、しかし、その位置はそれほど高くはなく、作例もそれほど多くない。

▶203 ヤマーンタカ

◀204 スンバラージャ

十忿怒尊

後期タントリズムにおいては、四方、四維、上および下という十方を守る十人の忿怒尊が一つのグループを構成することがある。その構成員は一定ではないが、『完成せるヨーガの環』二一章「法界語自在マンダラ」の場合は次のようであり、降三世を含んでいる。

東　門　ヤマーンタカ Yamāntaka（大威徳明王）　水牛に乗り、黒。
南　門　プラジュニャーンタカ Prajñāntaka　黄色。
西　門　パドマーンタカ Padmāntaka　赤色。
北　門　ヴィグナーンタカ Vighnāntaka　青色。ヴィナーヤカを展左で踏む。
北東隅　降三世　青色。妃ウマーを伴うシヴァを展左で踏む。
東南隅　ヴァジュラジュヴァーラーナラールカ Vajrajvālānalārka　黒色。妃を伴うヴィシュヌを展右で踏む。
南西隅　ヘールカヴァジュラ Herukavajra　青色。妃を伴う梵天を展左で踏む。
西北隅　パラマーシュヴァ Paramāśva　緑色。一対の展右と展左の四足。右の一足でインドラーニーとシュリーを、第二足でラティとプリティを、左の一足でインドラ（帝釈天）とマドゥカラを、第二足でジャヤカラとヴァサンタ（春）を踏む。
上　方　ウシュニーシャチャクラヴァルティン Uṣṇīṣacakravartin　黄色。
下　方　スンバラージャ Sumbharāja（孫婆王）　黒色。展左。

この十忿怒尊は、ヤマーンタカの六面六臂を除けば、すべて四面八臂であり、開敷蓮華の上に現われる。三眼で、虎皮をまとい、褐色の頭髪は逆立っている。「秘密集会マンダラ」などには異なったメンバーの十忿怒尊が登場するが[☆12]、その場合には三面六臂である。十忿怒尊は防御輪（rakṣācakra）と呼ばれる十方に刃のある武器にしばしば登場する[☆13]。

第六章——群小神、その他

205———不空成就如来の乗物としてのガルダ鳥
(スヴァヤンブー仏塔北龕)

仏や菩薩でもなく、仏の変化として活躍するわけでもないが、仏教パンテオンの構成員として見逃すことのできない神格が存する。彼らは仏教パンテオンの中核である仏や菩薩をとりまき、彼らを守ることによって、ヒンドゥー教などのパンテオンとの「緩衝地帯」の役を担うのである。

これらの神々はしばしばグループを形成する。代表的なものとしては、九曜(日、月、惑星)、北斗七星、十二宮、二十八宿などの天体がそれぞれ神格化されたもの、世界の八方あるいは十方を守るべくとりいれられたヒンドゥーの諸神、世界の四方を守る四天王、寺院の入口を守る龍神たちが挙げられる。これらの神は宇宙の枠組みをかたちづくり、宇宙の縮図としてのマンダラにも人の姿をとって表現される。たとえば、法界語自在文殊マンダラでは、九曜、二十八宿、八方天などが最も外側の楼閣の中で内側の諸尊を守るように並ぶ。

九曜《くよう》(日、月、惑星)

盆地では今日でも、男性は七十七才七カ月七日七時間、女性は六十六才六カ月六日六時間になるときに向けて祝いの儀式をする。その様子を絵に描いたものが今日多数残されているが、その一枚がカトマンドゥ国立美術館にある(写真207)[☆1]。中央のチャイトヤの中には、三面八臂の仏頂尊勝(図173)が他の二尊を従えており、そのまわりに九曜 Navagraha が、チャイトヤの上部には五仏(図206⑩—⑭)が描かれている。[☆2]

ネパールでは九曜はもろもろの天体グループの中、最も重要視されており、日曜 Sūrya (図206①)、月曜 Soma (同②)、火曜 Maṅgala (同③)、水曜 Budha (同④)、木曜 Bṛhaspati (同⑤)、金曜 Śukra (同⑥)、土曜 Śanaiścara (同⑦)、ラーフ Rāhu (同⑧、日月食の神、あるいは月の満ちることの神格化)、およびケートゥ Ketu (同⑨、隕石の神、あるいは月の欠けることの神格化)が構成員である。[☆3]

チャイトヤは涅槃に入った仏、すなわち永遠の生命を得た仏の象徴である。チャイトヤの中央に描かれた仏頂尊勝は長寿を司る。チャイトヤのまわりに九曜が描かれているのは、人間の寿命が天体の運動に組み込まれていると当時の仏教徒たちが信じていたことを示している。

206———図207の構図

207———長寿の祝いの図。77才に達した男あるいは66才に達した女を輿に乗せて行列する。行列の後（写真向かって右端）には祝いのためホーマ（護摩）が焚かれている。

213 金曜

214 土曜

［表5］（図206）

九曜	身体の色	持物 右	持物 左	乗物	図番号
① 日曜	赤	赤蓮華	赤蓮華	馬	208
② 月曜	白	青蓮華	青蓮華	ハンサ鳥	209
③ 火曜	赤	剣，念珠	宝，生首	山羊	210
④ 水曜	黄	矢	弓	蓮華	211
⑤ 木曜	赤	蓮華，法螺貝	経函	象	212
⑥ 金曜	白	念珠	経函	馬	213
⑦ 土曜	青	剣，三叉戟	羂索，盾(？)	亀	214
⑧ ラーフ	青	剣，月	日，盾	(火炎から出現)	215
⑨ ケートゥ	青	剣，カルトリ刀	盾，生首	マカラ(蛇尾)	216

216 ケートゥ

215 ラーフ

211——水曜

212——木曜

図208—216は図207に見られる九曜の拡大図であり、表5は九曜それぞれの特徴を示している。図207が基づいたテキストは不明であるが、『完成せるヨーガの環』二一章における九曜の記述とは異なる点も多い。

九曜は、横に一列に並んだ形で、寺院入口の上部あるいは寺院の基壇に彫像として表現されることも多い。その場合には、向かって右端にケートゥが、向かって左端に日曜が位置する。

210——火曜

209——月曜

208——日曜

222——金曜

223——土曜

法界語自在マンダラの九曜

図217—225は『完成せるヨーガの環』二一章「法界語自在マンダラ」の中で述べられた九曜を描いたものである。彼らは二臂で、それぞれの乗物に乗り、図207の九曜と異なって描かれている。「日曜は、身体が赤で、左右それぞれの手には日輪の置かれた蓮華《パドマ》を持ち、七頭の馬に曳かせた車に乗る。月曜は、身体が白く輝き、左右それぞれの手には月輪の置かれた白夜蓮《クムダ》を持ち、ハンサ鳥☆4に乗る。火曜は、身体の色が赤で、右手に斧、左手に切り取られた人間の首を持ち、食べる仕草をしながら、山羊に乗る。水曜は、黄色で、弓と矢を持ち、蓮華《パドマ》に乗る。木曜は、白色で、数珠と瓶を持ち、カエルあるいは頭蓋骨杯の上に乗る。金曜は、白色で、数珠と瓶を持ち、蓮華の上に乗る。土曜は、黒色で、棒を持ち、亀に乗る。ラーフは赤黒色で、左右の手に日と月を持つ。ケートゥは、黒色で、剣と蛇索を持つ」とテキストに規定されている☆5。

224——ラーフ

225——ケートゥ

221 木曜

220 水曜

図221の木曜はカエルに乗り、図215と図216の場合と同様、図224のラーフは火炎の中から出現し、図225のケートゥの下半身は蛇である。

法界語自在マンダラにおいて九曜は、外院である第四院（第四重）の東側から南側にかけて位置する（図261参照）。日本の胎蔵マンダラでは九曜は最外院（図252参照）に現われるが、その姿は『完成せるヨーガの環』の記述とかなり異なっている。

219 火曜

217 日曜

218 月曜

ヒンドゥーの神々

『リグ・ヴェーダ』のパンテオンの中では英雄神インドラ神（図232）が最も勢力のある神であり、次いで火神アグニが重要であった。しかし、『リグ・ヴェーダ』の中でも最後に編纂された部分（第九—一〇編、紀元前十一—十世紀）では、インドラやアグニはその座を新しい神である生主 Prajāpati などに譲り、一方では、後にヒンドゥーの主要神となるヴィシュヌ Viṣṇu やルドラ Rudra（シヴァ Śiva の原型）が活躍をはじめるのである。

大乗仏教の初期の作品である『釈迦の生涯』*Buddhacarita* ではしばしば王子シッダールタがインドラにたとえられている。[6] そのインドラは、ヴェーダの時代において龍神ヴリトラを殺したかの英雄神ではなく、王子の成長を見守るかのような優しい神である。このようにして、インドラは仏教パンテオンの一員となり、中国や日本においては帝釈天と呼ばれている。東インドやネパールにおいては、インドラは雨を司る神である。カトマンドゥでは九月に「インドラ・ジャートラ」と呼ばれる祭りが行なわれる[7]が、パーリジャータというジャスミン花の一種を盗みに天から降りてきたインドラをカトマンドゥの王が捕えたという伝説に基づいている。インドラの母は息子を探して地上に降りてきて、息子の釈放を条件に充分な靄や露を約束したと言う。

火神アグニもまた仏教のパンテオンの中にとりこまれた。ヴェーダ祭式の基本の一つは火の中に供物を投げ入れる護摩（homa）であるが、密教の時代になると仏教も実践形態の一つとして護摩を取り入れた。[8] カトマンドゥの仏教寺院の本堂の前に護摩のための炉が設けられていることが多い。[9]

宇宙原理ブラフマンが非人格的原理としてとどまる一方で、人格化された男神ブラフマン（梵天）も生まれた。シャーキャ・ムニが悟りを開いたときに彼に法を説くように懇請したのが梵天であると言われており、初期仏典においても梵天は重要な神格として登場する。しかし、それはあくまで仏や法を守る存在としてであって、尊崇の対象としてではない。

グプタ朝以降[10]ヒンドゥー教の勢力が強まるなかでヒンドゥーのパンテオンにおいてシヴァとヴィシュヌの二神が主神となったが、この二神はまた仏教のパンテオンの中にも組み入れられた。もっともインドラやアグニのようにかつての偉大な神々とは異なり、仏教と併存し、しかもしばしば仏教を脅かす存在であったシヴァやヴィシュヌは、そのままの形では仏教の神々とはなっていない。シヴァはむしろ忿怒の相をとったバイラヴァ Bhairava という姿で仏教のパンテオンに組み入れられた。一方、ヴィシュヌはさまざまな化身を有するが、その化身の一つが仏陀であると言われる。ネパールの仏教絵画では、ヒンドゥーの図像において一般的なシヴァやヴィシュヌの像が描かれても、その場合、仏教の主要神格を守る神々とみなされるのである（図172参照）。

バイラヴァ

226——ラト・マツェーンドラ寺院の山車の先に付けられたバイラヴァの浮彫

バイラヴァがシヴァの畏怖相であり、自らの諸特徴をヘールカあるいはマハーカーラに与えたことはすでに述べたが、[☆11]バイラヴァ自身、ネワール仏教のパンテオンの中に組み入れられている。ネワールのマンダラ——たとえば「金剛亥母《ヴァジュラヴァーラーヒー》」や「十三ヨーギニー」のマンダラ——の外隔輪に八バイラヴァと八母神が対をなして並ぶ。[☆12]図227は八バイラヴァの一神であるアシターンガ・バイラヴァ Asitāṅga-bhairava である。ネパールのヒンドゥー教においてはバイラヴァは畏怖相のシヴァとして中心的位置を占めるが、仏教のパンテオンではそれほど重要ではない。ただし、金剛バイラヴァ（図64）のように、仏教タントリズムの中で変容したものもある。

227——アシターンガ・バイラヴァ。三叉戟やブラフマンの首を持つ。

八方天

仏教の世界観では、四方と四維の八方それぞれを天（神）が守ると考えられた。いわゆる八方天である。[☆13] これらの神々のほとんどはヒンドゥーの諸神であり、仏教徒はヒンドゥーの神々を自分たちのパンテオンの守護神としてとりいれた。東方の帝釈天（インドラ）は、諸山天鬼の主であり、東南の火天（アグニ）は諸火神・神仙衆の主である。南方の焔摩（ヤマ）は死者の国の王、西南のナイルリティ Nairṛti（羅刹天）は、羅刹や吸血鬼《ビシャーチャ》たちの主、西方のヴァルナ（水天）は河や海、龍神たちの主である。西北の風天（ヴァーユ）はもろもろの風神の主、北方のクベーラ（多聞天）は夜叉や鬼神たちの主である。東北のイーシャーナ Īśāna（伊舎那天）は、もろもろの魔衆の主である。

これらの八方天に、上方を守り、諸天（神）の主である梵天（ブラフマン）と、下方を守り、もろもろの地神の主である地天（プリティヴィー）とを加えて十方天と呼び、さ

229——ヴァーユ

——北

228——クベーラ

230——イーシャーナ

らに、もろもろの星や七曜などの主である日天と、二十八宿[☆14]、十二宮[☆15]などの主である月天とを加えて十二天と呼ぶ。ネパールでは八方天がよく知られており、法界語自在マン

231――ヴァルナ

233――ナイルリティ

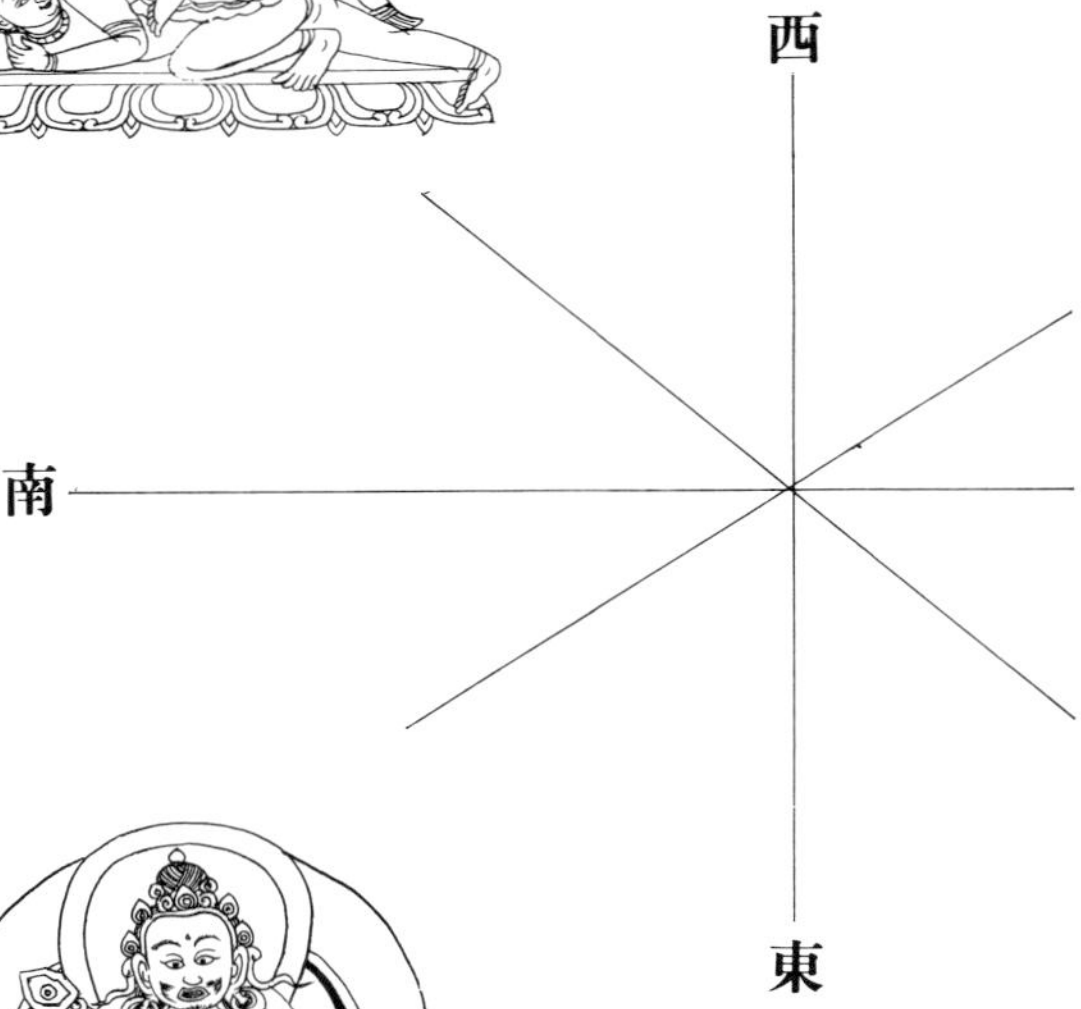

235――ヤマ

234――アグニ

232――インドラ

ダラの中では、外院である第四院（第四重）の四門と四隅に位置する[☆16]。日本の胎蔵マンダラでは十二天が外金剛部院（図252参照）に現われる。

236 — 広目天（西方）

237 — 増長天（南方）

四天王

四天王とは、メール山（須弥山）の中腹に住み、法を守る神々であり、東方の持国天 Dhṛtarāṣṭra、南方の増長天 Virūḍhaka、西方の広目天 Virūpākṣa および北方の毘沙門天（多聞天）Vaiśravaṇa である。☆17 これらの神々の起源は必ずしも明白ではないが、ヒンドゥー教にも世界の四方を守る神々が定められており、おそらくはこの考え方が仏教に導入されたものであろう。毘沙門天は富の神クベーラ Kubera と同一視される。四天王はマンダラでは仏の館の四門を守っている。カトマンドゥの仏教寺院の正面扉の左右には四天王の中の二神の像が置かれることがある。たとえば、パタン市のウク・バハールの本堂正面扉の下部には、向かって右に広目天（図243）、左に毘沙門天（図246）の像がある。

238 — 毘沙門天（北方）

239 — 持国天（東方）

仏弟子

シャーキャ・ムニの弟子たちも仏教パンテオンにとって不可欠の構成員である。ネワール仏教では、チベット仏教におけるほどは仏弟子や祖師たちの像は造られていないが、寺院の本堂正面にはしばしば舎利弗 Śāriputra の像が正面扉の向かって左に、目連 Moggallāna の像が向かって右に置かれている。写真240はウク・バハール(図18)の本堂正面の扉に向かって右にある目連像である。左手に鉢を、右手に錫杖を持ったこの姿が盆地では一般的であり、左の舎利弗像も同じ姿で表現されている。☆18

河と龍

ガンジス Gaṅgā 河やヤムナー Yamunā 河も神格化され、ヒンドゥー教および仏教のパンテオンの構成員となっている。後者は亀に乗った女神として(写真244)、前者は海獣マカラに乗った女神として(写真245)表わされるのが一般的である。図241はウク・バハール(写真18)の本堂正面の諸像の配置図であるが、扉の両側にヤムナー河とガンジス河の小さな像が見られる。☆19 二河の女神像の下には龍女 Nāgī が河を支えるようにして表現されている(図244―245)。

240――目連(ウク・バハール)

241――ウク・バハール本堂正面(146-147ページ参照)

242——馬車を駆る太陽。脇の二尊は破損して見られない。

243——広目天

244——ヤムナー河（上）と龍女（下）

247———ハンサ鳥の車に乗った月神。

245———ガンジス河（上）と龍女（下）

246———毘沙門天

249———ブ・バハール寺院の本堂正面にはめこまれたマーヤー夫人の浮彫。脇下に誕生した太子が見られる。

248———ウク・バハール寺院の本堂入口の右側に立つマーヤー夫人像

マーヤー夫人

浄飯王の妃マーヤー（摩耶）夫人は息子シッダールタをルンビニーの森の中で生んだ。夫人が木の枝に触れたときに、夫人の脇から太子が生まれた、と伝えられ、この光景はしばしば浮彫に表現されてきた。☆20 ネパールにおいては、樹の下に立つマーヤー夫人の彫像や浮彫は多く、寺院正面入口の横に観自在像などと並んで置かれていたり（写真248）、寺院の本堂正面にとりつけられた五仏や諸菩薩の像の横にはめこまれたりする（写真249）。このようにマーヤー夫人もまたネワール仏教のパンテオンの一員なのである。

終章

聖化された世界・マンダラ

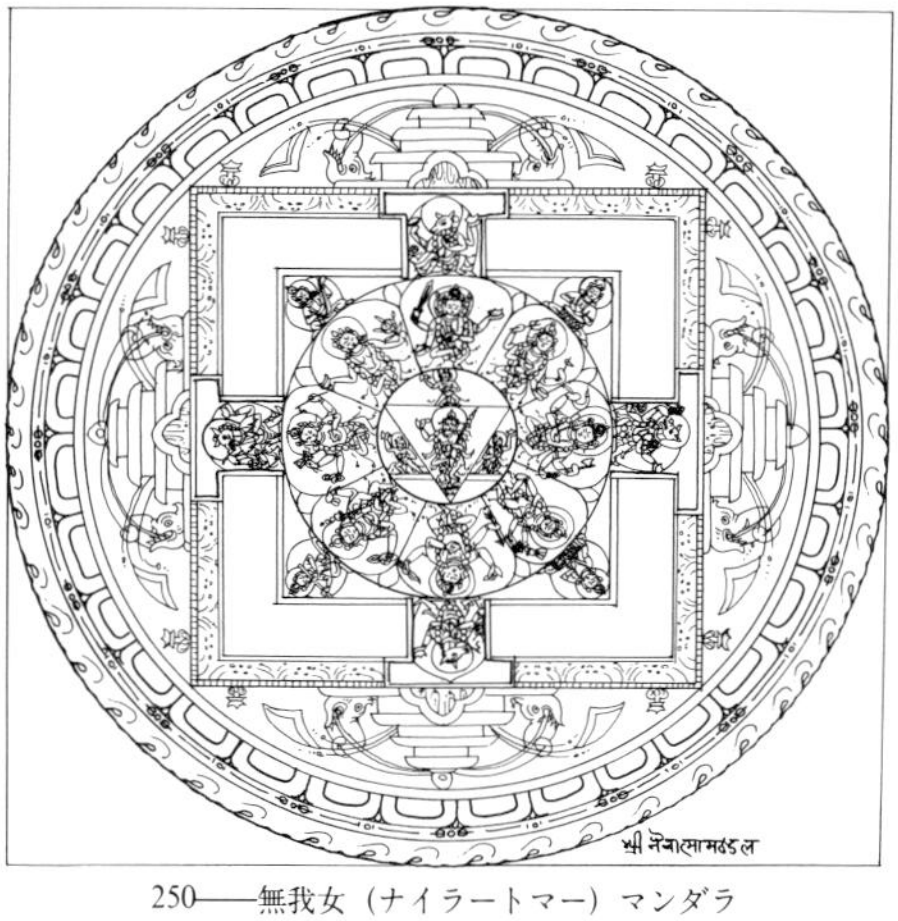

250——無我女（ナイラートマー）マンダラ

マンダラという世界

「マンダラ」(maṇḍala　曼荼羅　曼陀羅)とはサンスクリットで「円」、「日輪」、「月輪」などを意味するが、タントリズム(密教)においては円と四角の組み合わされた枠組みの中に仏たちが整然と並ぶ宇宙図のことである。一番外側は通常幾重にも円に囲まれ、その中には四つの門を具えた四角い――ときには円形の――楼閣があり、さらにその楼閣は区切られて仏たちの室となっている。このようなマンダラ図は、仏や菩薩たちが住む世界の図であり、さらにはありとあらゆる生きものの住む世界の縮図である。

タントリズムにおけるマンダラの機能は一様ではなく、少なくとも専門僧(宗教的エリート)と一般信者(在家)にとっては異なった作用を有したと考えられる。つまり、専門僧あるいは修行僧にとっては、それは、観想法を中心とする宗教実践を行なう際の道具あるいは補助手段であり、一般信者にとっては礼拝の対象であった。一つのマンダラが異なる層に対して異なる作用を有するところにシンボルの集合体にほかならないマンダラの意義が存するのである。

マンダラがいつ頃形成されたのかは明らかではない。しかし、中尊の四方に仏を配するという、マンダラにとって最も基本的な核は四世紀には成立していたと考えられる。六、七世紀にはかなり複雑な構造のマンダラがつくられるようになった。十一～十二世紀にはインドにおいてマンダラ理論の集成である『完成せるヨーガの環』がアバヤーカラグプタによって著わされている。このように仏教のタントリズムにおいては、マンダラへの関心は強く、タントリズムの儀礼におけるマンダラの重要度も高かったと言えよう。

ヒンドゥー教においても「マンダラ」と呼ばれる、円と四角を複雑に組み合わせた図形が観想の内容を示すものとして用いられており、後世では、仏教のマンダラ図のように神々の像が円の中に整然と並べられたものも描かれた。しかし、少なくとも仏教タントリズムの確立後、その消滅までは――すなわち、六、七世紀以後、十三世紀初頭までは――仏教タントリストの方が、ヒンドゥー・タントリストよりもマンダラにより多くの関心を払ったようである。

今日残されているサンスクリット文献や、紛失してはいるがチベット語に訳されている文献によって推測するならば、インドで描かれたマンダラの種類も多く、マンダラを用いる儀礼も頻繁に行なわれたと思われるが、その作例はインドではほとんど残されていない。おそらくは、インドでは儀礼の都度つくられ、それが終わると壊されたからであろう。マンダラは元来そのようなものとして規定されていたのである。

一方、チベットやネパールにおいては、インドより伝えられ、寺院の壁、銅製の円盤、布などに描かれたマンダラが数多く残されている。日本においては、中国より伝えられた胎蔵と金剛界の二種のマンダラがよく知られている。

ところで、日本のマンダラとチベット・ネパールのそれとには形態上明らかな相違が見られる。チベットなどのマンダラは円輪によって囲まれているが、日本のマンダラは、通常、そのようになっていない。これは日本のマンダラが『大日経』等に述べられた古い型を伝えているためであるが、日本・中国の世界観も反映している。

インド、隣接のネパール、さらにそれらの国の伝統をほとんどそのまま受け入れたチベットでは、マンダラとは「金剛環」(vajrāvalī) に周囲をかこまれて、上部を「金剛籠」(vajrapañjara) によっておおわれて「金剛地」(vajrabhūmi) の上に建てられた「楼閣」(kūṭāgāra) を真上から――あるいは横から、つまり立体的に――描いたものである。今日、ネパール、チベットに残っているマンダラは、通常、金剛環の内側には蓮弁の環を、外側には火炎の輪(火輪)を有している。この火輪は、黄、緑、赤、青に色分けされているが、それらは地、水、火、風という世界の四元素を意味している。

金剛籠がマンダラ図に描かれることはほとんどない。もっとも金剛界系のマンダラの中心部において仏たちの部屋を分けているかのように見える格子状のもの――やはり鎖状になった金剛からできている――として金剛籠の一部が表現されることはあるが、金剛籠は透明であり、すき間なく並べられた金剛の幕はあたかもテントのように金剛地をおおい、時には金剛環をもおおってしまう。このようにして金剛籠は、その中に存する仏たちの住む楼閣を守るための防御網《バリャ》として機能するのである。われわれが通常見ているマンダラ図は、スメール山(須弥山)頂に築かれた楼閣を透明な金剛の幕(金剛籠)を通して見たものなのである。その楼閣の天井あるいは屋根も透明であり、そこから透けて見える楼閣中の住人が描かれている。このようにしてインド・ネパールのマンダラは、完結した円によって囲まれた、つまり、「閉じられた」空間の中で精緻な構造を有する仏たちの住処、仏たちの「世界」なのである。

日本のマンダラにおける「世界」

ところで、日本の胎蔵・金剛界マンダラでは、チベットやネパールのマンダラにおけるように楼閣をまるく囲む金剛環などは見あたらない。日本人あるいは日本にマンダラを伝えた中国人は、世界を一つの閉じられた空間として表象し、その中の構造を図像《イメージ》として描き出すというようなことが苦手だったのではなかろうか。陰陽道とか五行説とかが流行して世界が有限な数の原理の組み合わせによって説明されたことはあった。だが、中国人や日本人の手になる世界構造のモデルは、インドのヒンドゥー哲学や仏教哲学における世界構造のそれと比較するならば貧弱なものである。中国や日本においてインド・ネパールのように世界を表象しないということは、決して中国人や日本人の思索力が劣っていることを意味しない。中国人や日本人にとっては、世界を「閉じられたもの」——したがって、有限個の原理によって全構造を説明しうるもの——として表象することはそれほど意味あることではなかった。自分たちの住む世界をどこまでも進んでいけば、その彼方で異なる民族にも接することであろうし、神々の国や死霊の国にもいきつくと彼らは考えていた。それ以上の構造図は求められなかった。

インドやネパールの人々も自分たちの「国」の彼方には神々の国や死霊の国があると考えたが、自分たちの国や神々の国、その他一切の領域を含めた、一つのまとまりのあるコスモスの存在を考え、その中の構造図を描いたのである。世界を一つの「閉じられた」——したがって、なんらかの構造モデルによって理解可能な——秩序づけられた空間として理解する人々によってマンダラは生み出された。「マンダラ」を、論理やことばを超え、不思議で神秘的な世界だと理解することは正しくない。マンダラは幾何学的な厳密さによって描かれ、冷徹な眼によって観察された宗教経験の深化が追体験できるように設計されたコスモス・プランなのである。

日本では「マンダラ」という語は、「人間マンダラ」、「花マンダラ」などというように、「複雑な紋様」というほどの意味に用いられる。そこでは、シンボルが幾何学的な正確さによって配分され位置づけられる必要はなく、一定の面積の中に一見「不思議な雰囲気」とともに、人間、花などのシンボルが並べられてあれば、その紋様の総体は「マンダラ」なのである。インドやネパールでは、幾何学的な正確さで、仏のイメージあるいは「聖なるもの」のシンボルが並べられており、かつその中の構造が明示されたものでなければ「マンダラ」とは呼ばれな

251——法界語自在マンダラの周縁の構造（ハカー・バハール）

い。このような意味では、マンダラは中国や日本の精神文化の中ではあくまで「異種のもの」なのである。「マンダラ」というサンスクリットが「曼荼羅」あるいは「曼陀羅」というように音写されたのみで訳されなかったということも、中国あるいは日本にはマンダラという象徴世界に対応する文化がなかったことを証左している。

タントラの分類

今日、夥しい数の密教経典が残されている。『西蔵大蔵経』において密教文献が占める割合は全体の約三分の二以上である。現存の『西蔵大蔵経』の編纂方針は十四世紀のチベットの学匠プトンによって定められたが、その中で、密教文献は四種のタントラのいずれかに分類されている。この「四種タントラ」の分類法は後世も一般に用いられることになった。「四種タントラ」とは、

一　作タントラ（クリヤー・タントラ　kriyā-tantra）

二　行タントラ（チャルヤー・タントラ　caryā-tantra）

三　ヨーガ・タントラ（yoga-tantra）

四　無上ヨーガ・タントラ（アヌッタラヨーガ・タントラ　anuttarayoga-tantra）

の四種である。[☆1]

この分類法の芽はすでに八世紀のインドに見られ、今述べた四分法に近いものが成立するのは十世紀頃と思われる。この四分法には、密教経典、陀羅尼、儀軌、観想法などすべてが「タントラ」に含められているが、この四分法は四種のタントラそれぞれの出現の歴史的経過とおよそ相応している。

第一の作タントラは、呪文、陀羅尼、諸仏の供養の仕方、壇のつくり方、手印の結び方などの作法を主要な内容とするものである。儀礼主義はブラーフマニズムの重要な柱の一つであるが、仏教はその始まりから儀礼主義に対しては批判的であった。しかし、大乗仏教の興隆に伴い、とくに紀元三、四世紀頃からバラモン僧たちの儀礼を仏教徒は積極的に自らの実践体系の中に組み入れていった。汎インド的観点から見て、「儀礼主義の復活」が起こった時期のことである。この時期は新しく生まれた大乗仏教が自らの理論的体系を整備し終わった頃であり、やがて仏教の勢力が新勢力であるヒンドゥー教と対抗しなければならないことを感じ始めていた頃であった。仏教徒たち——一部のものたちではあったが——は、仏たちに水、香、花などを捧げて供養（プージャー）するようになった。ごく簡単な構図の「マンダラ」が仏たちの代わりとして供養の対象となった。その供養の方法などを説明したものが第一の「作タントラ」であり、「作」とは作法・方法を意味するのである。「作タントラ」の経典にあっては、儀礼行為が仏教徒の究極の目的である悟りそのものを行者に獲得させると考えられているわけではなく、供養などはあくまで補助的手段なのである。『蘇悉地経』、『蘇婆呼童子経』、『不空羂索経』などがこの第一のタントラのグループに属する。チベットにおけるマンダラ理論の集大成である『タントラ部集成』では、一三九点のマンダラの中、第十九までが作タントラに属するのである。

第二の「行タントラ」の代表的なものは、七世紀の成立と考えられている『大日経』である。この経典の出現によって仏教タントリズム（密教）が確立されたと言うことができる。第一のタントラは供養などによって現世利益を求める場合が多かったのであるが、『大日経』の中心課題は悟りである。この経典では、外的、身体的行為である儀礼を重要視するとともに、儀礼の内化あるいは精神化をもおし進めた。つまり、マンダラをつくり、それに基づいた観想法を行なったのである。観想法とは、精神集中によって眼前に神や仏をあたかも実在するかのようにありありと見ることのできるように産出することである。このような観想法のあり方は、第三、第四のタントラにおいてますます発展することになる。かつては「心の作用の制御」を目指したヨーガの行法が、いまやむしろ心の作用をふるいたたせ、眼前に「聖なるもの」を成就させる、つまり、産出するような形につくりかえられたのである。古典ヨーガでは、「俗なるもの」の営みを止滅させ、「聖なるもの」の顕現を俟つという手順を踏んだが、タントリズムにおいては、「俗なるもの」の営みをむしろ強め、それを「聖化」することにより、「俗なるもの」と「聖なるもの」との一体化を激烈に遂行するのである。つまり、ヨーガにおけるいわば心的エネルギーの方向に変化が起きたのである。

行タントラ系のマンダラは、しかしながら、後世それほど勢力を持たなかったように思われる。『大日経』に基づく「大日（大毘盧遮那）マンダラ」（あるいは「毘盧遮那マンダラ」）は、インドで成立したほとんどのマンダラを受け入れたと思われるチベットにおいてもほんのわずかな点数が残されているにすぎない。『タントラ部集成』では二十番の「現等覚大日一二二尊マンダラ」がそれにあたる。

日本に伝えられてきた現図胎蔵界曼荼羅は、『大日経』に基本的には基づきながらも、他の経典の記述を援用し、さまざまな変化・修正を経て現在の形にまとめられたものである。[☆2] この現図曼荼羅がどこで、どのようにして成立したかは明らかではない。空海が中国より持ち帰った現図曼荼羅はおそらく師恵果《けいか》和尚の指示によってつくられたものであろうが、恵果自身の作になるものか、その師不空との合議になるものかもはっきりしない。現在の形にまとめられたのは中国においてであろうことは確かだと思われる。現図曼荼羅は、同じく日本に伝えられた金剛界九会曼荼羅（図258）とともに今日残されているマンダラの中で最も古いものであり、仏教タントリズムが確立した時期のマンダラである。

現図胎蔵界曼荼羅は図252、254に見られるように、中央に中台八葉院《ちゅうたいはちよういん》（図252A）、東（上部）に遍知院《へんちいん》（同B）と釈迦院《しゃかいん》（同C）と文殊院《もんじゅいん》（同D）、南に金剛手院《こんごうしゅいん》（同E）と除蓋障院《じょがいしょういん》（同F）、西に持明院《じみょういん》（同G）と虚空蔵院《こくうぞういん》（同H）と蘇悉地院《そしっぢいん》（同I）、北に観音院《かんのんいん》（蓮華部院）（同J）と地蔵院（同K）が配置され、これら四方のまわりを外金剛部院《げこんごうぶいん》が囲むという構成になっている。さらにこれらの「院」は、仏部、蓮華部、金剛部の三部に分かれる（158ページ参照）。

現図曼荼羅およびチベットに伝えられる大日経マンダラにはヒンドゥー教の神々が数多く現われており、行タントラ系の仏教がヒンドゥー教から強い影響を受けていることを物語っている。第三のヨーガ・タントラになると、しかし、こうしたヒンドゥー教的色彩は影をひそめる。

第三のヨーガ・タントラの出現の時期は、第二のタントラ・グループとそれほど離れていない。第三のグループの代表は『金剛頂経』である。この経典の成立は八世紀頃と考えられている。[☆3]この経典に基づくマンダラが金剛界Vajradhātuマンダラである。金剛界マンダラの構造は、胎蔵マンダラのそれとは根本的に異なる。胎蔵マンダラまでは上部が東を意味し、本尊は西を向いていたのであるが、金剛界マンダラでは下部が東を意味し、本尊は東を向くことになる。さらに従来のマンダラは、仏部、蓮華部、金剛部の三部によって構成されていたが、金剛界マンダラは、如来部、金剛部、宝部、法部および羯磨《かつま》という五部によって構成される。これらのうち、金剛界の如来部はそれまでの仏部、金剛部は従来の金剛部、法部は従来の蓮華部が変化・発展したものであり、宝部と羯磨部は新しく導入されたものである。これらの五部は中央と四方にそれぞれ配置され、金剛界マンダラの核をかたちづくる。すなわち、如来部は中央、金剛部は東、宝部は南、法部（蓮華部）は西、羯磨部は北に配置され、この五部はそれぞれ大日、阿閦、宝生、阿弥陀および不空成就の五仏によって率いられている。表1（37ページ）に述べられた、阿閦の金剛、宝生の宝珠、阿弥陀の蓮華、不空成就の二重金剛（羯磨）というシンボルは、それぞれの「部」を表わしていたのである。

金剛界マンダラを構成する主要な諸尊は通常三十七を数えるため、「金剛界三十七尊」と呼びならわされている。大日などの五仏を除いた残りの諸尊を「金剛界三十二尊」と呼ぶこともある。かの三十七尊とは、（一）五仏（五智如来）、（二）大日如来の周囲に位置する四波羅蜜（金剛女）、（三）四仏それぞれの周囲に位置する十六大菩薩、（四）諸尊への供養を神格化した八供養菩薩、および（五）仏たちの住む楼閣の門衛である四摂菩薩であり、五つのグループに分けられる。要するに、五仏とやがて仏の妃となる女尊の四波羅蜜、および菩薩を供養尊と門衛がとりかこむという構成になっている。各尊の名称については図257、図259、162-163ページを参照されたい。

日本に伝えられた金剛界マンダラは、主として天台宗で用いられる「八十一尊曼荼羅」を除くと、ほとんどの場合が図256に見られるような九つの部分（会）より成る「九会曼荼羅」である。理趣会（図256G）を除く八会は『金剛頂経』一章と二章に説かれるマンダラおよびその省略形態である。理趣会は『理趣経』に基づくものであって、『金剛頂経』には直接説かれてはいないが、『金剛頂経』と『理趣経』との内容上の近さから、理趣会が置かれたのであろうと考えられている。[☆4]

図259は『完成せるヨーガの環』に述べられた金剛界マンダラの諸尊の配置図であり、番号はテキストに現われる順序に付けてある。したがって、先に述べた「金剛界三十七尊」を五グループに分けた仕方とは異なった仕方で諸尊の名称が挙げてある（162ページ参照）。図260は現代のネワール人画家が描いた金剛界マンダラである。

『金剛頂経』をはじめとする第三のタントラ・グループの実践においては、行者（実践者）は仏たちを観想法によって眼前に出現させ、その仏たちを供養するというにとどまることなく、行者は仏たちと「一体となる」のである。第一、第二のタントラ・グループの実践にあっては、行者は眼前に出現する仏たちが自分たちとは別の存在であることを意識していた。つまり、仏の前にある自分を意識していたのである。ところが、ヨーガ・タントラの実践、たとえば、金剛界マンダラを用いた観想法においては、マンダラすなわち宇宙そのもの、あるいはマンダラに現われる仏と行者は一体であることを感得するのである。もっともその際には「一体である」という意識さえ無くなるであろう。

第四のタントラ・グループである無上ヨーガ・タントラでは、高度な精神・生理学的なヨーガの技術を用いながら、第三のタントラ・グループで獲得された方法をおし進めていくことになる。この種のタントラの実践形態では、骨・皮・血の儀礼といった、従来は仏教とあまり接触のなかった土着文化の要素も積極的にとりいれられた。性に対する考え方も変化した。つまり、性は抑圧すべきもの、切り捨てるべき「俗なるもの」ではなく、肯定すべき「聖なるもの」ではないだろうかという考え方も現われ、性行為が悟りを得るための手段として用いられるようにもなった。われわれがすでに見たように「仏」たちもおどろおどろしい姿をとることになった。

一般には、この第四のタントラ・グループは『秘密集会タントラ』や『ヴァジュラバイラヴァ・タントラ』などの父タントラ、『勝楽（チャクラサンヴァラ）タントラ』などの母タントラ、『呼金剛タントラ』や『時輪タントラ』などの不二タントラとして、三つに細分される。日本には第四のタントラ・グループの漢訳はいくつか伝えられたものの、実践としてはほとんど行なわれなかった。第四のタントラ・グループは八世紀以降、急速にインドの地で編纂され、それらに基づいた実践も行なわれたのであるが、この種のタントラはとくにチベットにおいて盛んに実践された。『タントラ部集成』では半数以上のマンダラが無上ヨーガ・タントラに基づくものである。ネワールにおいては、チベットにおけるほどこの種のタントラは流行しなかったと思われる。とくに『秘密集会タントラ』はあまり知られていないようである。

A——図253参照
B 1 仏眼仏母
C 2 シャーキャ・ムニ
3 虚空蔵菩薩
4 観自在菩薩
5 舎利弗
6 目連
D 7 文殊菩薩
8 観自在菩薩
9 普賢菩薩
10 月光菩薩
11 光網菩薩
E 12 金剛鉤女菩薩
13 金剛薩埵菩薩
14 金剛鏁菩薩
F 15 除蓋障菩薩
G 16 般若波羅蜜菩薩
17・18 降三世明王
19 不動明王
H 20 虚空蔵菩薩
I 21 不空金剛
J 22 被葉衣菩薩
23 聖観自在菩薩
24 不空羂索菩薩
25 多羅菩薩
K 26 地蔵菩薩
L 27 持国天王
28 増長天王
29 広目天王
30 毘沙門天
31 伊舎那天
32 火天
33 羅刹天
34 水天
35 風天
36 帝釈天
37 梵天
38 日曜
39 月曜
40 大黒

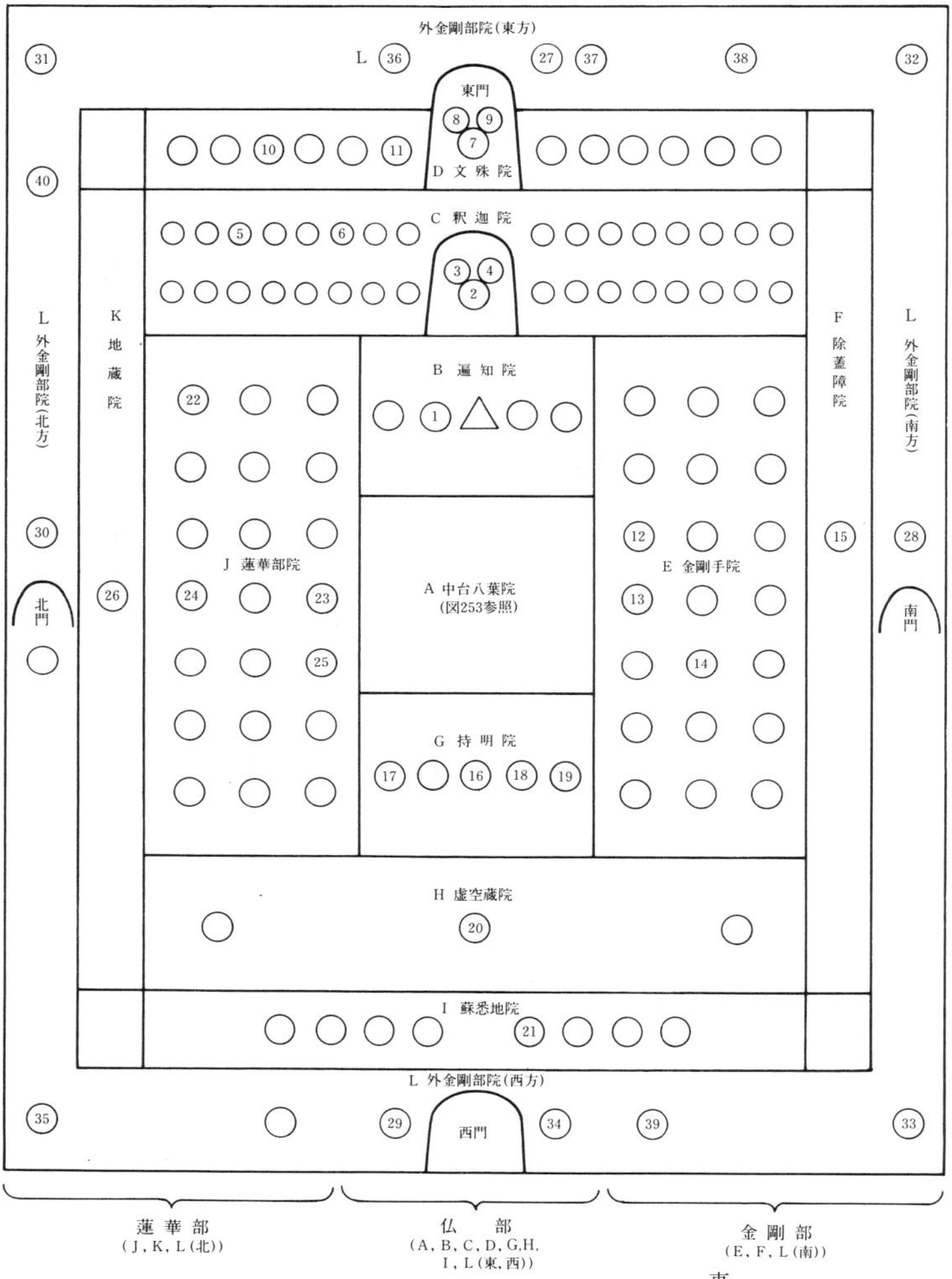

252——大悲胎蔵大曼荼羅の構成（本書において取り扱われた諸尊やよく知られた諸尊のみ位置を示した）。

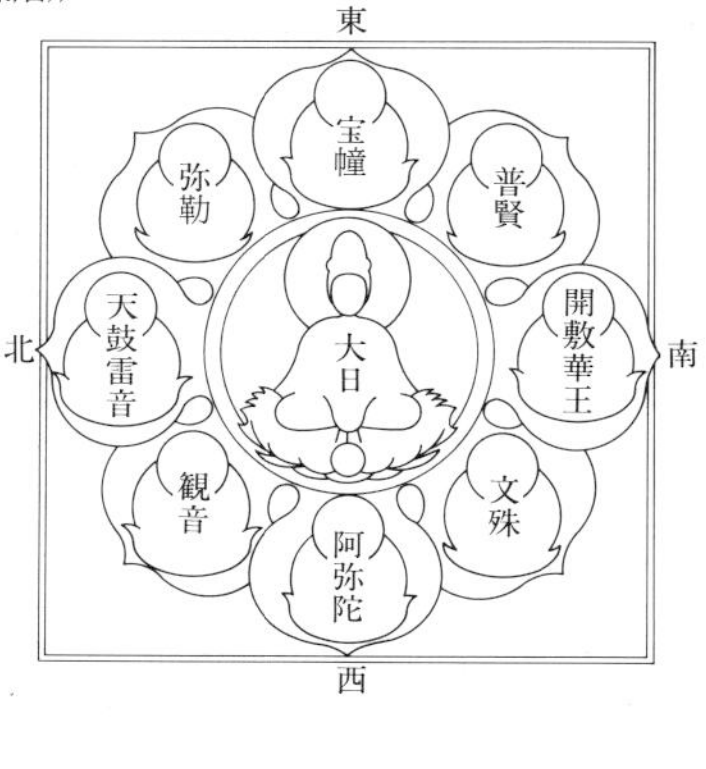

253——胎蔵中台八葉院の構造

254 —— 大悲胎蔵大曼荼羅（長谷寺版〔大正蔵 図像部〕）

胎蔵マンダラ

255 —— 金剛界四仏と胎蔵四仏との関係。線で結ばれた二仏は元来は同じ仏である。

〔金剛界四仏〕	〔胎蔵四仏〕
阿閦	宝幢
宝生	開敷華王
阿弥陀	阿弥陀
不空成就	天鼓雷音

E 四印会《しいんえ》	F 一印会《いちいんえ》	G 理趣会《りしゅえ》
D 供養会《くようえ》	A 成身会《じょうしんえ》	H 降三世会《こうざんぜえ》
C 微細会《みさいえ》	B 三昧耶会《さんまやえ》	I 降三世《こうざんぜ》三昧耶会《さんまやえ》

256——金剛界曼荼羅の構成。A・B・C・D・H・Iは、基本的に同じ構造を有する（図257）。

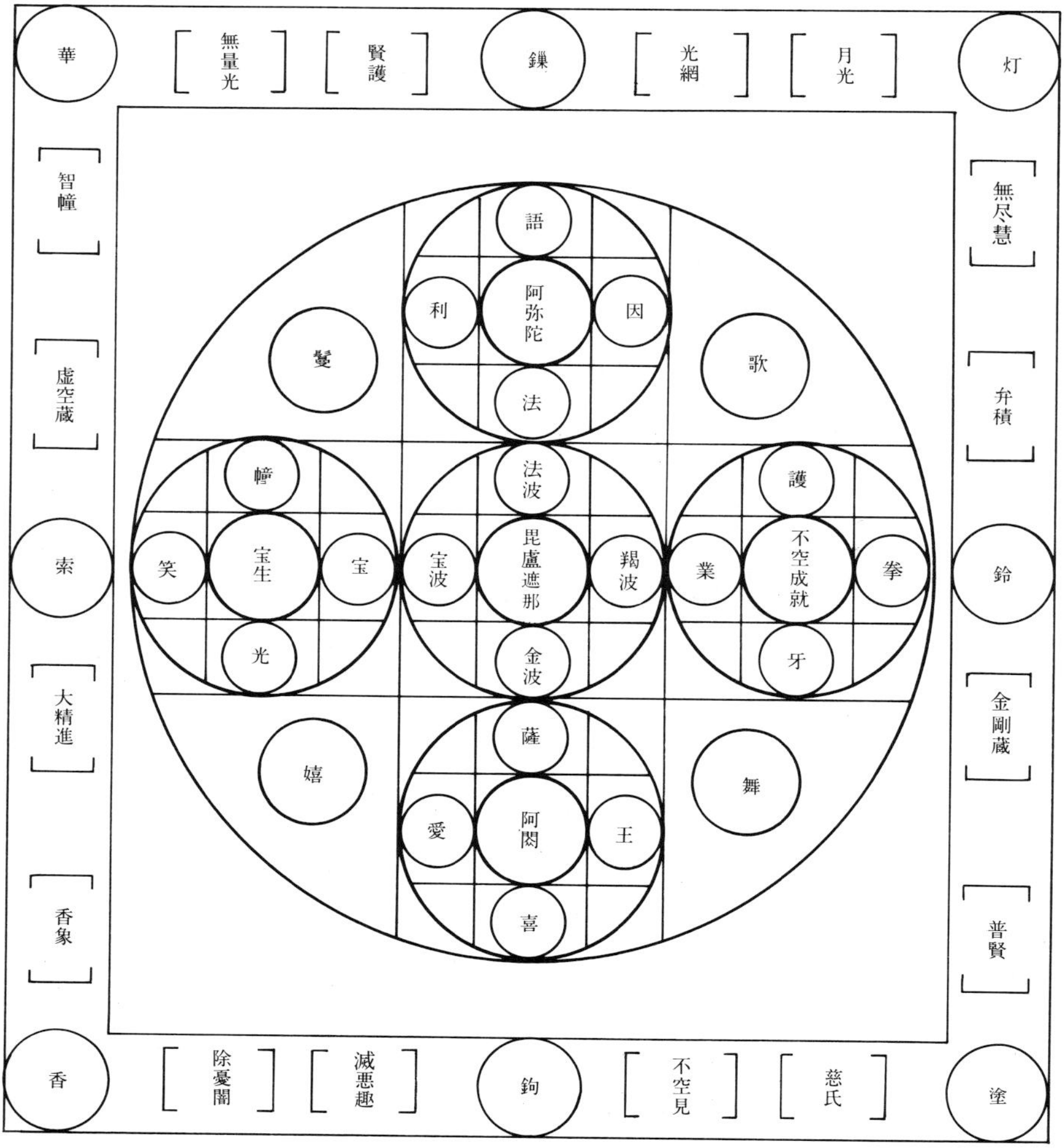

257——金剛界マンダラの基本構造。［ ］は賢劫十六尊を示すが、成身会（図256A）では賢劫千仏が現われる。

金剛界マンダラ

図257の周囲の四尊は、
金波＝金剛波羅蜜
宝波＝宝波羅蜜
法波＝法波羅蜜
羯波＝羯磨波羅蜜
である（他の諸尊名に関しては162ページ参照）。

258——金剛界九會大曼荼羅（長谷寺版（大正蔵 図像部））

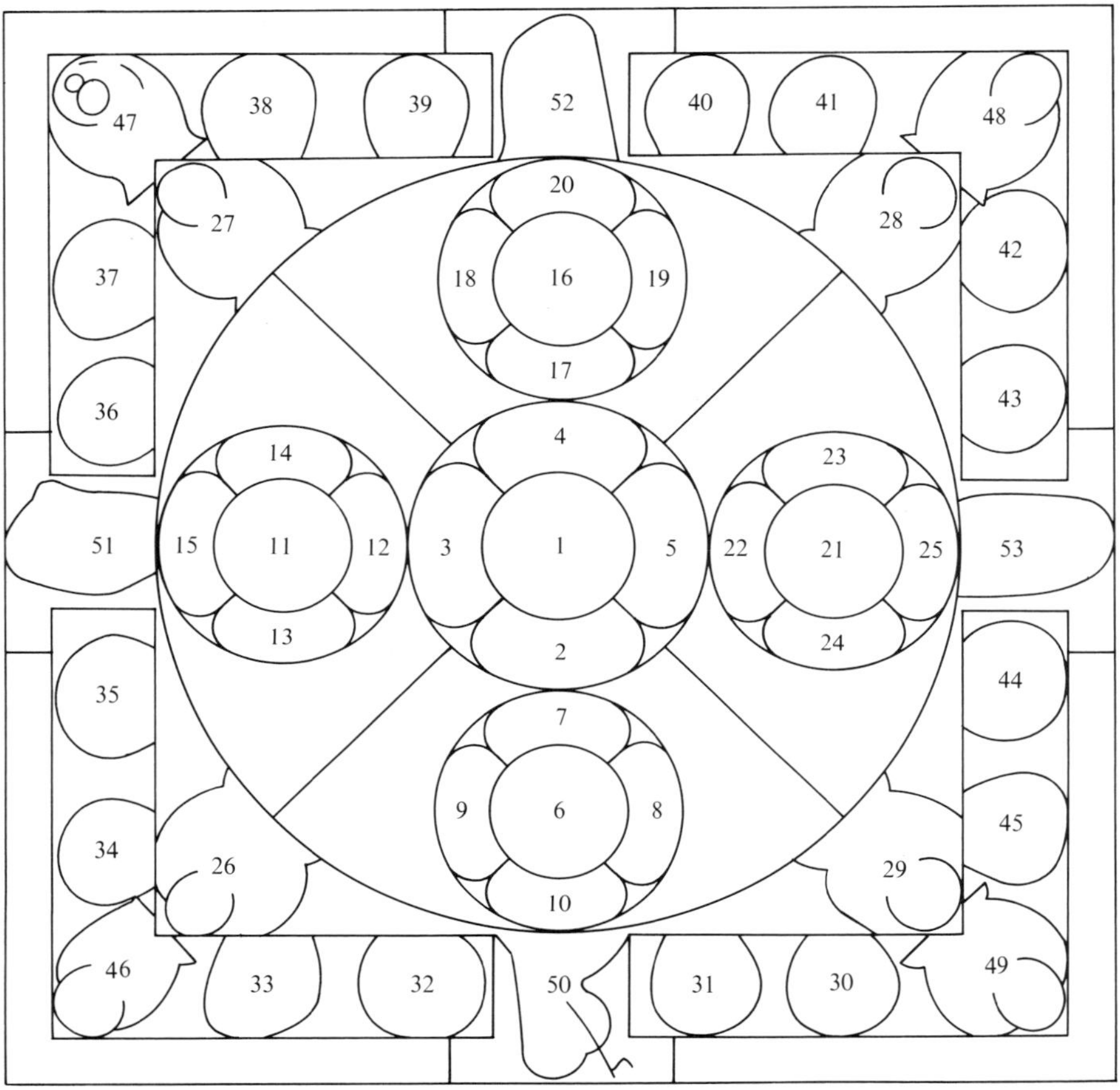

（1）五仏、四金剛女、十六大菩薩

中央（如来部）
1 大日如来
2 薩埵金剛女
3 宝金剛女
4 法金剛女
5 業金剛女
（2〜5 四金剛女）

東方（金剛部）
6 阿閦如来
7 金剛薩埵菩薩
8 金剛王菩薩
9 金剛愛菩薩
10 金剛喜菩薩
（7〜10 東方四親近）

南方（宝部）
11 宝生如来
12 金剛宝菩薩
13 金剛光菩薩
14 金剛幢菩薩
15 金剛笑菩薩
（12〜15 南方四親近）

西方（蓮華部）
16 阿弥陀如来
17 金剛法菩薩
18 金剛利菩薩
19 金剛因菩薩
20 金剛語菩薩
（17〜20 西方四親近）

北方（羯磨部）
21 不空成就如来
22 金剛業菩薩
23 金剛護菩薩
24 金剛牙菩薩
25 金剛拳菩薩
（22〜25 北方四親近）

（2）四維（内の四供養女）
26 嬉　女
27 鬘　女
28 歌　女
29 舞　女

（3）賢劫十六尊

東方
30 慈氏菩薩
31 不空見菩薩
32 滅悪趣菩薩
33 除憂闇菩薩

南方
34 香象菩薩
35 大精進菩薩
36 虚空庫菩薩
37 智幢菩薩

西方
38 無量光菩薩
39 月光菩薩
40 賢護菩薩
41 光網菩薩

北方
42 金剛蔵菩薩
43 無尽慧（意）菩薩
44 弁積菩薩
45 普賢菩薩

（4）四維（外の四供養女）
46 金剛香女
47 金剛華女
48 金剛燈女
49 金剛塗女

（5）門衛（四摂菩薩）
50 金剛鉤菩薩
51 金剛索菩薩
52 金剛鏁菩薩
53 金剛鈴菩薩

259（右ページ）——『完成せるヨーガの環』の金剛界マンダラの諸尊配置。この賢劫十六尊の配置は日本のもの（図257）と異なっている。

図260は『完成せるヨーガの環』一九章に述べられる金剛界マンダラを描いたものである。ここでは、「内の四供養女」（26—29）が、五仏が配置される円の外に描かれている（図257参照）。

260——『完成せるヨーガの環』の金剛界マンダラ

法界語自在マンダラ

カトマンドゥ盆地において最もよく知られているマンダラには、金剛界のほかに法界語自在マンダラがある。盆地の仏教寺院の境内にはしばしば後者のマンダラが見られる（本書第一章註☆14参照）。ハカー・バハール（図11、53）、クワー・バハール、ブ・バハールといった盆地の代表的な仏教寺院に法界語自在マンダラを描いた台が置かれている。盆地の中には、このマンダラの本尊である法界語自在文殊の作例は数多く残されている。

『ナーマサンギーティ』は、『金剛頂経』の発展系列に存し、ヨーガ・タントラの発展の最後に位置すると考えられる。つまり、第三と第四のタントラ・グループの「境」に存するのである。註釈もヨーガ・タントラの観点からと、無上ヨーガ・タントラの観点からといったように両方の立場から書かれている。ネワール仏教においてこの経典が重視されたことは、ネワールの仏教タントリズムの特質をも物語っているように思われる。ネワール仏教においては、チベット仏教におけるほどは無上ヨーガ・タントラが用いられなかったようである。

法界語自在マンダラは、第三のタントラ・グループまでに現われた「神々」のほとんどを含むと言っても過言ではない。図261に見るように、このマンダラは中尊のまわりを仏たちが整然と四重にとりかこむという構成を有している。第一重の構造の中核は金剛界マンダラであり、第二重には菩薩地、波羅蜜、自在、陀羅尼の神格化が見られる。第三重には賢劫十六尊（本書88ページ）、十忿怒尊（132ページ）、供養女尊（103ページ）が並ぶ。第四重には、八方天（142-143ページ）、九曜（134-139ページ）、ヴィシュヌやブラフマンなどのヒンドゥー教の神々（140ページ）、七母神（120-123ページ）、マハーカーラ（126-129ページ）、鬼子母神（124ページ）、龍王、二十八宿などが配されている。

すでに幾度も触れたように『完成せるヨーガの環』二一章には法界語自在マンダラの諸尊が説明されている。図262は『完成せるヨーガの環』に基づいて現代のネワールの画家によって描かれたものである。第一重（内マンダラ）は、白色、四面八臂の法界語自在文殊（図261①、86ページ参照）を中尊とし、その周囲を八仏頂（同②―⑨）がとりまいている。これらの八仏頂は「結跏趺坐に坐し、身体は黄色であり、二臂を有し、右手は法輪を持ち、左手は座の上に置く」。『完成せるヨーガの環』二一章に現われる八仏頂と、『タントラ部集成』四〇番の法界語自在マンダラに現われる八仏頂との間には若干の相違が見られる。

中尊の文殊は元来は大日如来の位置である中央に見られ、大日如来と同様、獅子に乗っている。八仏頂に囲まれた文殊の四方に、阿閦（東⑩）、宝生（南⑪）、阿弥陀（西⑫）、不空成就（北⑬）という金剛界マンダラで登場したおなじみの四仏が並ぶ。この四仏はわれわれがすでにチュシュヤー・バハール寺院の本堂正面の四本のほおづえに見たように（図54—57）、文殊の姿をとる仏たちなのである。四仏それぞれのまわりには、金剛界マンダラにおいて四仏それぞれのまわりに四菩薩ずつが配されたように、十六大菩薩（⑭—㉙）が四つのグループに分けて配置される。四仏の中、どの仏にどの四菩薩が配されるかは金剛界マンダラの場合と同じであるが、金剛界マンダラにおいては四方に菩薩が配されたのに対し、法界語自在マンダラでは四維に配される。第一重の四維には、四仏の妃たち、つまり、仏眼仏母（㉚、本書97ページ）、我母（㉛、97ページ）、白衣明妃（㉜、98ページ）、およびターラー（㉝、99-102ページ）が位置する。金剛界マンダラでは大日如来のまわりに四金剛女（四波羅蜜）が配されていたが、法界語自在マンダラでは大日如来のまわりには八仏頂が配され、四金剛女のかわりに四仏それぞれに妃が配されているのである。この第一重（第一院）は四門を具えているが、そこには金剛界マンダラの場合と同じように、東門（下）に金剛鉤（㉞）、南門に金剛索（㉟）、西門に金剛鏁（㊱）、および北門には金剛鈴（㊲）が門衛として立つのである。このようにして、法界語自在マンダラの中心である第一重は金剛界マンダラを基本としていることがわかるのである。

このマンダラの第二重には、四方それぞれに十二女尊で構成されるグループが配される。すなわち、東側には「十二地」（㊳—㊾、『華厳経』の説く菩薩の十地に、初地以前の位である信行地（勝解行地）、および仏地を加えたもの）、南側には「十二波羅蜜」（㊿—61、『華厳経』の十波羅蜜に宝蓮波羅蜜と金剛波羅蜜を加えたもの）、西側には「十二自在」（62—73、菩薩の十自在に真如と仏菩提を加えたもの）、北側には「十二陀羅尼」（74—85、主要な陀羅尼の神格化であり、仏頂尊勝（76、115ページ）、摩利支天（77、116ページ）、パルナ・シャバリー（78、117ページ）を含む）が配される。第二重の四門には、四無礙の女神化されたもの、すなわち、法無礙女（86）、義無礙女（87）、詞無礙女（88）および弁無礙女（89）が門衛女として立ち、四隅には「内の四供養菩薩」、すなわち、嬉女（90）、鬘女（91）、歌女（92）、および舞女（93）が配されている。第二重の尊格はすべて女性の姿をとっている。

このようにして、法界語自在マンダラは、金剛界マンダラを基本にしながらも、十二地や波羅蜜などの宗教実

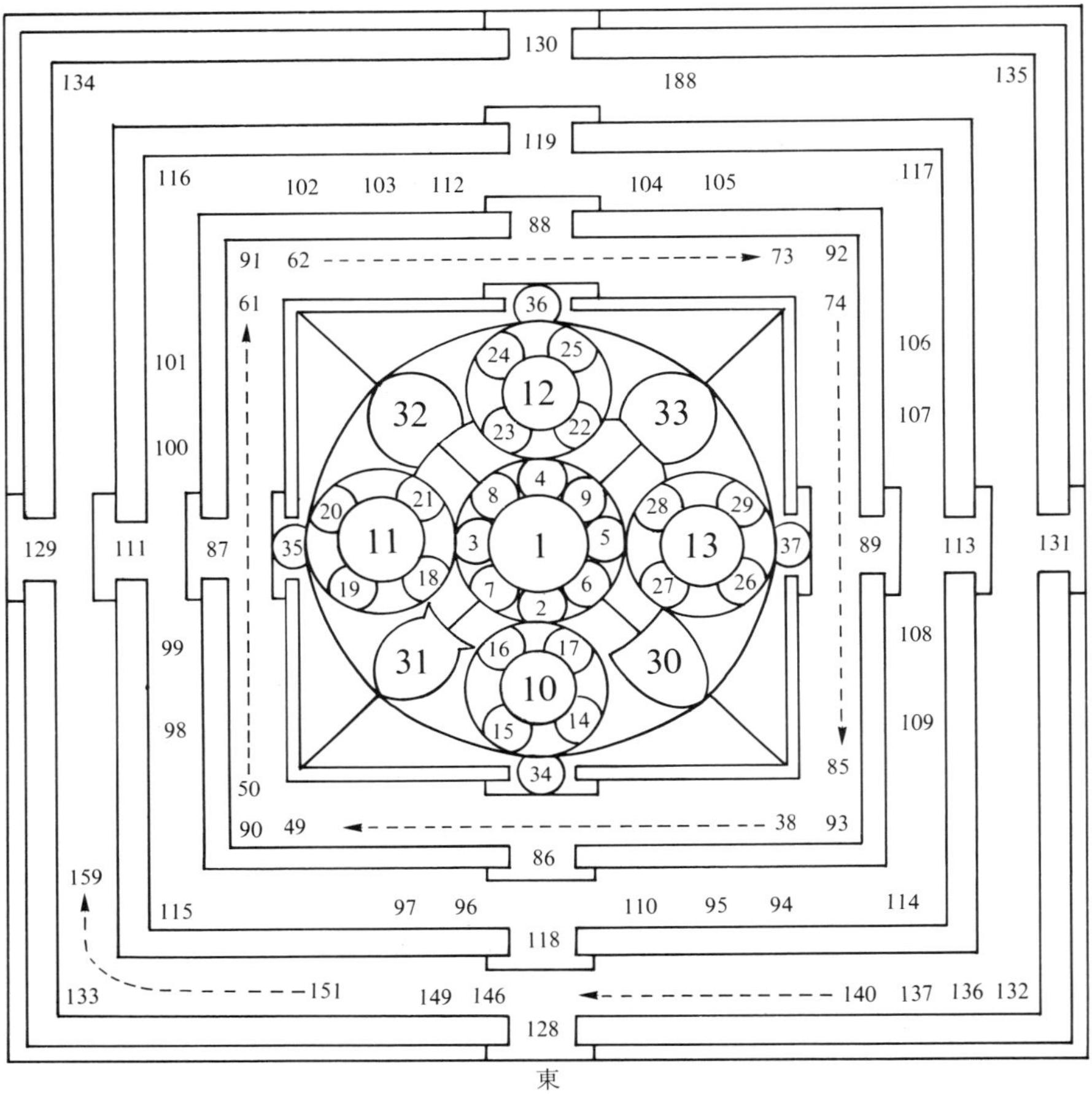

261——『完成せるヨーガの環』の法界語自在マンダラの諸尊配置。☆5 1–93の諸尊については、164–165ページ参照。

94 普賢
95 無尽慧
96 地蔵
97 虚空蔵
98 虚空庫
99 宝手
100 海慧
101 金剛蔵
102 観自在
103 勢至
104 月光
105 光網
106 無量光
107 弁積
108 除憂闇
109 除蓋障
110 ヤマーンタカ
111 プラジュニャーンタカ
112 パドマーンタカ
113 ヴィグナーンタカ
114 降三世
115 ヴァジュラジュヴァーラーナラールカ
116 ヘールカヴァジュラ
117 パラマーシュヴァ
118 ウシュニーシャチャクラヴァルティン
119 スンバラージャ

128 インドラ
129 ヤマ
130 ヴァルナ
131 クベーラ
132 イーシャーナ
133 アグニ
134 ナイルリティ
135 ヴァーユ
136 ブラフマン
137 ヴィシュヌ
140 ブラフマーニー
141 ルドラーニー
142 ヴァイシュナヴィー
143 カウマーリー
144 インドラーニー
145 ヴァーラーヒー
146 チャームンダー
149 マハーカーラ
151 日曜
152 月曜
153 火曜
154 水曜
155 木曜
156 金曜
157 土曜
158 ラーフ
159 ケートゥ
188 ハーリティー

262——『完成せるヨーガの環』の法界語自在マンダラ

1　このマンダラは二二〇尊を含むが、図261では本書で扱ったもののみを挙げた。

2　八仏頂（2—9）の並び方に関しては、一定していないが、ネワールの画家によれば、大仏頂（2）、白傘蓋（3）、光仏頂（4）、最勝仏頂（5）、捨除仏頂（6）、高仏頂（7）、広生仏頂（8）、勝仏頂（9）となっている。

3　四仏のそれぞれと組み合わされる四菩薩の四グループ、すなわち十六大菩薩は、金剛界マンダラにおけると同じであるが、その並び方に関しては異論がある。

図263—五部族マンダラ Pañcakulātmakamaṇḍala。これはカトマンドゥ盆地でよく知られたマンダラの一つである。五仏が文殊の姿をとり、剣、鈴などを持つ。中央は触地印を結ぶ阿閦、東方(下)は法輪を持つ大日、南方は与願印を結ぶ宝生、西方は蓮華を持つ阿弥陀、北方は二重金剛を持つ不空成就が位置する。

図264—悪趣清浄タントラの普明マンダラ。『悪趣清浄タントラ』*Durgatipariśodhanatantra* は『初会の金剛頂経』二章「降三世品」に対する註釈と言われる。このタントラで説明されるタントラの中、最もよく知られているものがこの普明 Sarvavid 毘盧遮那仏を本尊とするマンダラである。死者を地獄に堕さないという意味で葬礼の際に用いられる。

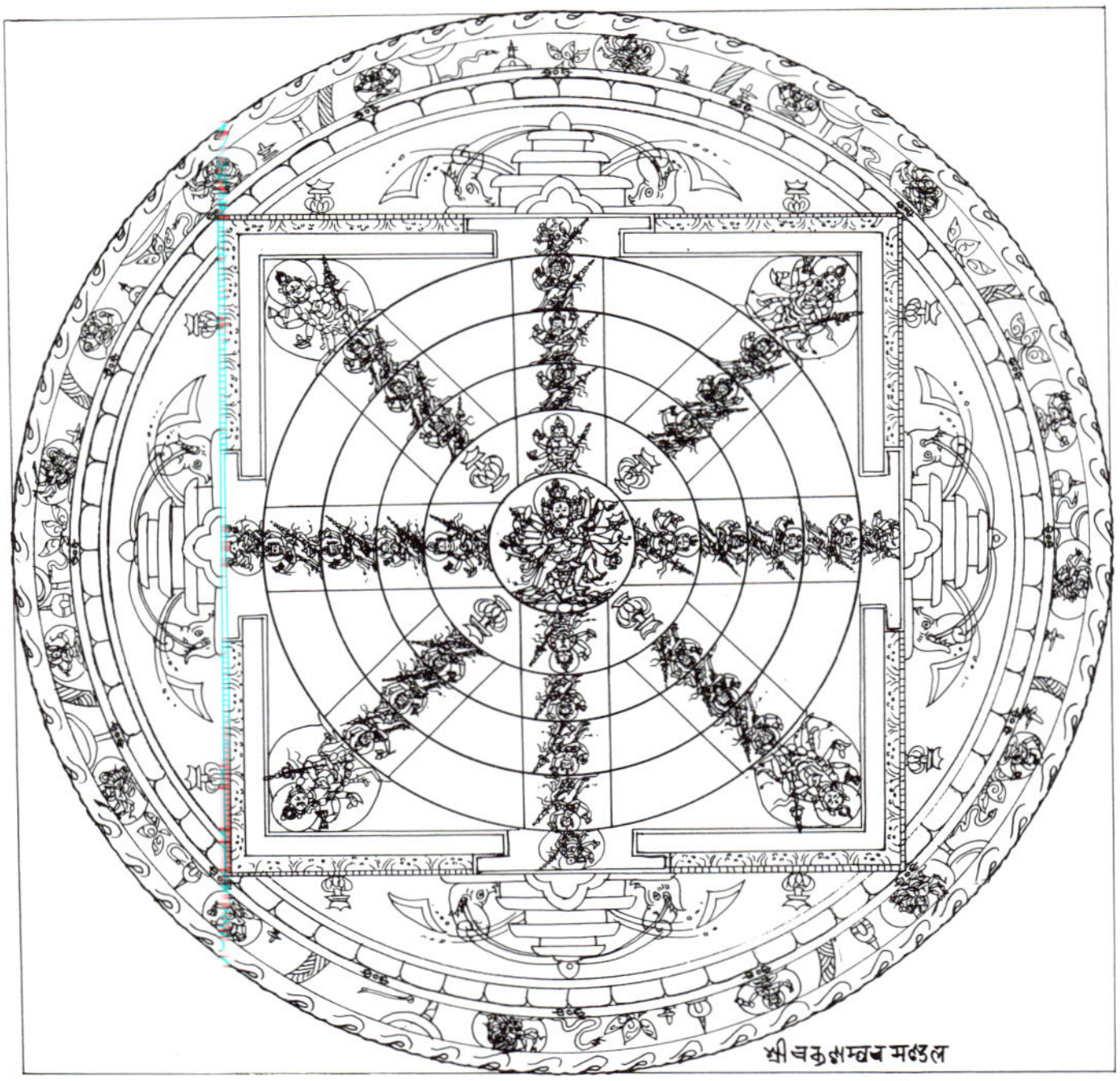

図265—勝楽マンダラ。『サンヴァラ（勝楽）タントラ』と呼ばれる数種のタントラに説かれるマンダラであり、十四尊のものもあるが、図265は六十二尊マンダラである。内側から、大楽輪、意密輪、口密輪、身密輪、三昧耶輪の五重（層）の輪から構成されている。それぞれの輪の中にはインドの各霊場の女神たちが並んでいる。

図266—金剛亥母のマンダラ。法源（dharmodayā）——世界が発生する場——を意味する逆三角形の中に金剛亥母が位置する。頂点を上にする三角は男性原理を意味し、この二つの三角形の合体は二原理の統一を表わす。金剛亥母のまわりにはダーキニー、ラーマーなどの女尊が、外輪には八母神と八バイラヴァがいる（本書106ページ）。

践上の概念も神格化し、後世のタントリズムにおいて重要な役割を果たすことになる忿怒尊をも含め、さらにヒンドゥー教の神々や、九曜、二十八宿などの天体をもとりいれた大きなマンダラである。カトマンドゥ盆地の中に見られるもろもろのマンダラの「神々」は、この法界語自在マンダラへと収斂していくとさえ思われる。重要なことは、われわれが見てきた盆地内の「曼荼羅の神々」は、インドの伝統とよく一致することである。そして、今日もなお、ネワール人の中にはマンダラの伝統が生き続けており、それぞれの「神」あるいは仏のイメージも鮮明に生き残っているのである。カトマンドゥの仏画師たちは、金剛界や法界語自在以外のマンダラも自分たちの伝統にしたがって描くことができるのである（図263–266参照）。

仏教徒にとっての世界

初期仏教は世界の存在・構造に関する問題に対しては冷淡であった。シャーキャ・ムニは世界が有限か無限かの問題に対しては無言をもって答えた。そのような形而上学的問いにかかわることは、悟りを得るために不可欠ではないと考えたからである。大乗仏教に理論的モデルを与えた龍樹も主著『中論』において世界の構造を明らかにしようとはしていない。むしろ、構造を有する世界などは存在しないのであるというのが彼の主張であった。

しかし、仏教における世界観の構図は、龍樹に先立つ、あるいは同時代のアビダルマ哲学において充分準備されていた。龍樹より二、三世紀後に出た世親は彼のアビダルマ哲学書『倶舎論』において仏教の立場よりする世界構造図を完成させた。これ以後、仏教は、「諸行は無常である」というシャーキャ・ムニ以来の伝統を守りつつも、世界の構造に積極的にかかわりつづけ、その構造を描いた図面を精緻なものにしようと努めた。タントリズムの運動が全インドをおおうようになると、その影響を受けた仏教、すなわち仏教タントリズムは、それまで仏教徒が描いてきた世界像を、彼らのパンテオンとともに図像《イコン》化していった。それがマンダラである。

構造を有するものとして世界を対自的に扱うことを拒斥していた仏教が、後世、ともかくも世界を一つのコスモスとして認め、コスモス全体を自分たちの実践の中で重要な要素として位置づけたということは、仏教が当時、置かれた歴史的情況の中で理解される必要があろう。マンダラは秩序世界（コスモス）をシンボリカルに描いたものであり、秩序世界がともかく存在するという観点を前提としている。「儀礼主義の復活」の波の中で興隆してきたヒンドゥー教と接触・抗争する過程の中で仏教は、世界を一つの統一体として把握する方法を確立させていったと考えられる。実在する世界と個体に宿る個我との自己同一性を感得することは、バラモン教・ヒンドゥー教的伝統がウパニシャッドの時代以来、持ち続けたものだった。

もっともマンダラ儀礼においても最終的には、「世界は空なるものである」と観想されるのであり、仏教的伝統は生かされている。しかし、大筋においてマンダラ儀礼とは、宇宙と個我との合一あるいは本来的自己同一性を感得することによって「聖なるもの」に至るというインド的伝統の中へと組み入れられていったものと理解することができよう。この意味で、マンダラは従来の仏教には少なくとも顕著でなかった要素を含むのである。

マンダラの中心と周縁

世界（宇宙）と自己との同一性を感得しようとする密教僧にとって、世界が「閉じられたもの」であることは不可欠なことであった。そうでなければ――つまり、世界が一つのまとまりのあるものとして把握できなければ――それを観想の対象とすることができないからである。マンダラ観想法にあっては、全体としての世界が「聖なるもの」であり、部分としての個我が「俗なるもの」となる。「俗なるもの」である行者は「聖なるもの」である全体を観想し、それを観想法の中で「殺し」、「再生さ」せる。「再生」の時に「俗なるもの」も「聖なるもの」の中に帰入することによって「聖化」されるのである。

ウパニシャッド以来、インド精神に今日まで流れている重要な「思想軸」の一つは、世界と個我との質的同一性、あるいは相同性である。ウパニシャッドは、宇宙原理（ブラフマン）と個我（アートマン）とは本来同一であることを、「汝はそれである」と表現する。「汝」とは個我を、「それ」とは宇宙原理を意味する。バラモン正統派の哲学の中で「汝」は宇宙の部分、「それ」は宇宙全体を意味すると解釈されてきた。そして、インドの精神にとって、「全体」は完全なもの、「聖なるもの」であり、「部分」は不完全なもの、「俗なるもの」であった。インドの宗教は、「聖なるもの」としての宇宙全体と「俗なるもの」としての個我とが本来的同一性あるいは相同関係にあると認識することを目指してきた。その認識は個人が宇宙の中に、すなわち、部分が全体の中に帰入するときに得られると信じられた。もっともこの帰入の際、全体において個我性は失われる。このことをウパニシャッドは「すべての河が大洋に流れこんだ後は、どの河の水であったかはわからなくなるように」というたとえで表現している。

仏教は当初、インドの諸宗教の中では珍しく「部分と全体の相同性」という観点に冷淡だった。「世界」を認めていなかったのだから当然である。しかし、仏教は、密教の影響を受け始めると正統派バラモン僧たちよりも一層熱心にこの観点にかかわるようになった。

マンダラはこの部分と全体の相同性を認識するための実践上の補助手段だった。マンダラに描かれているいろいろな仏たちや金剛や剣などのシンボルは、世界と個我との関係を象徴している。中心に位置する五仏は、物質、感受作用等の五つの構成要素（五蘊＝ごうん）を表わし、四女神は骨と陸、血と河、などの身体と自然界の四つの基本的要素を表わす。こうして、マンダラに描かれている個々の要素は、身体という小宇宙と、世界という大宇宙の両方のシンボルとなり、部分と全体という相反する二つのものを意味する。

この「相反するものの合一」を個体という場において可能にするのがマンダラ観想法だった。何年もの間、師について、特殊な訓練を積んだ行者には、マンダラに描かれたとおりの宇宙図がまず、眼前に映し出される。「聖なる」宇宙は、行者の実践する観想法によって「鼻先にのったケシ粒ほどの大きさ」のものとなり、さらに空なるものとなり「止滅する」。次の瞬間には、行者と一体になったまま、宇宙は「再生」し始め、やがて元の巨大さを獲得するのである。このようにして、宇宙の「死」と「再生」を個体という場において追体験することによって、宇宙の「生命力」を個体は吸い取ろうとするのである。

マンダラ観想法においては、このように「死」と「再生」とが、マンダラという「空間表象の世界」における操作を通じて行なわれる。その空間は出現と凝縮と拡大を繰りかえすことによって生命体のリズムを活性化させる。世界を超越した神の存在を認めない仏教徒が求めた「聖なるもの」は、結局は世界——大日如来の姿をとる世界——であった。世界は形をとる。形をとるものが世界である。如来そのものである世界はとりもなおさず「聖なるもの」でなくてはならない。形をとりながらも「聖なるもの」としてわれわれの眼前に出現したもの（生起したもの）、それがマンダラである。

出現した「聖なる」世界であるマンダラを眼前にして行者は、そのマンダラ世界を見つめると同時に自己をも見る。なぜならば、マンダラは自己を離れ、自己とは無関係のものではなく、あくまで自己との関係において観想すべきものだからである。究極的な意味では、マンダラに現われた姿は自己にほかならないとも言いうるからである。マンダラを眼の前にして行者はまず自分が世界を一つのまとまりのあるもの、つまり、把握可能な全体として把えていることに気づく。世界全体を一つのまとまりのあるものとして把えないかぎり、マンダラの観想は不可能である。世界を一つの統一体として把えたとき、行者は自己も一つの統一体であることを知る。つまり、世界と自己とが同じ構造をもった統一体であることを知るのである。

ところで、「まとまりのあるもの」は常に中心を持つものである。どのような対象であれ、それが観想法の対象となるときには――少なくとも初めの段階においては――行者は自分が観想をしているという意識がある。行者の精神世界においてはこの自意識こそマンダラの中心に対応するものである。

一方、現実に描かれたマンダラ図においても中心は常に表現されているか、あるいは想定されている。たとえば、スヴァヤンブー仏塔は大日如来を中心とした――建築上の理由で大日如来の龕は阿閦如来の龕の右に置かれているが――統一体であった。カトマンドゥ盆地の寺院の本堂入口の扉に彫られている、宇宙を象徴する半円のトーラナは、その中央に一見して中尊――中心――とわかる尊像を常に描いている。クワー・バハールやセト・マツェーンドラの層塔というマンダラにあっても、幾何学的なプランに基づいて周縁部が決定され、その周縁に守られた形の中心が存する。このようにして、カトマンドゥ盆地におけるマンダラ空間としての宗教建築あるいはその一部は、マンダラにとって重要な要素である中心を有するのである。この中心こそがマンダラという空間を統一のある世界（コスモス）たらしめている。

マンダラという「選ばれた神々の宇宙」の中心には、多くの場合、仏が選ばれるが、菩薩、女神、護法神などが中尊となることもある。一つのマンダラの中心（中尊）は、あたかも太陽が惑星を一定の距離に引きつけておくように、そのまわりのもろもろの神々を自分のまわりに引きつけておくのである。

このようにマンダラ図においては常に中尊が顕著に描かれるのであるが、すでに述べたようにこの中尊は、観想法の中では最終的に観想者自身と同一視される。本来、マンダラは実践者の精神の中で観想されるものであり、行者の心の中からマンダラの中尊が、そしてマンダラの他の部分が産出されるからである。

インドおよびチベットの観想法では、マンダラは静止したものではなく、地球が自転するようにゆっくりと回転していると考えられている。それは、ガラスでできていて、その中では光芒がプリズムによって分けられ、柱や飾り、さらには住人たちである仏たちがそれぞれの色に分けて映し出された城塞に似ている。四方、八方からとりかこむ数多くの神々は、中尊から――あるいは中尊から発せられた光芒によって――生まれる。マンダラに存在するすべての神々は中尊との緊張関係の中にのみ存在できるのである。マンダラという閉じられた空間には常に中心があり、周縁はその中心を志向した存在なのである。

一つのマンダラに存する神々において、中尊の「聖性」の度は他の神々のそれよりも強い。一般的には、中尊より遠くなるにしたがって、「聖性」の度は弱くなっていく。このように、マンダラ空間は均質なものではない。中心は途方もなく質量が大きく、あたかもブラック・ホールのように、まわりのものを引きつけ、吸いこもうとする。中心より遠く離れた、マンダラの周縁は、質量も小さく、かろうじてそのマンダラ世界にとどまっているにすぎない。このようにして、マンダラは「聖性の位階」によって秩序づけられた統一体なのである。

マンダラにおけるエネルギーの循環

マンダラ図、あるいはそれを映した寺院や仏塔などが宗教的意味を持つのは、マンダラを見たり、それらの建築空間を訪れる人々の心に約束されている一つの感情によってである。もしも、たとえばカトマンドゥを訪れた者が、寺院や仏塔になんらの関心も示さず、神々の像に対してもなんらの特別な感情をいだかないとするならば、その者にとってその寺院は「聖なるもの」ではない。

「聖なる」感情あるいは気分は、必ずしも神とか創造者とかの実在を前提にしてはいない。「聖なる」感情は、それぞれの宗教の歴史的、社会的条件の中で集団的にはぐくまれてきたものである。ちょうどわれわれが、歴史的に形成されてきた言語を用いることによってさまざまな感情を覚えるように、特定の宗教形態は、歴史的に人々にその約束事を教えた環境において、それぞれの人の社会的背景に応じて「聖なる」感情を引き起こすよう作用するのである。

ある事物、たとえば寺院や図像を「聖なるもの」であると感ぜしめるのは、人間の「行為」である。スヴァヤンブー仏塔が「聖なるもの」であるのは、ひとえにネワールの仏教徒がこの仏塔に対して崇拝の行為をなしてきたからである。

マンダラに「住む」仏像なども同様である。仏像が「聖なるもの」となるのは行為によってである。仏像に「聖なるもの」としての意味を与えること、あるいはそれがすでに与えられていることの確認がなされることによって、その意味を理解する人にとってその仏像は「聖なるもの」となるのである。一つの建築空間あるいは絵画空間の中に登場することは、その背後にある神話、パンテオンの体系の中に位置づけられていることを意味する。専門僧はマンダラ、仏像などに与えられた「聖なるもの」としての意味を自分たちの宗教実践の中で生かそうとしてきたし、一般信者はその仏像などを対象とした礼拝、供養などの行為によって「聖性」の意味の体系にかかわりを持とうとしてきた。

マンダラ図にはマンダラを手段とする宗教実践の過程が反映されている。とりわけ、マンダラの中心と周縁との動的関係は、「聖なる」仏の境地と実践者の「俗なる」境地という「宗教における二つの極」の動的関係を反映している。すなわち、中心から周縁へと向かうヴェクトル（方向量）は、「聖なるもの」が「俗なるもの」に顕現する様相を、周縁から中心へと向かうヴェクトルは、「俗なるもの」から「聖なるもの」を目指して進む歩みを反映している。マンダラは、相異なる方向を有する二つのヴェクトルが共存する世界である。それはドーナッツ型にまかれたコイルの中を電流が走る様子に似ている。つまりマンダラは、中心から周縁へと拡散したエネルギーがまた中心へと収斂し、それがふたたび周縁へと放出されるという、中尊を中心とした精神のエネルギーの循環系《システム》なのである。

聖化された世界・マンダラ

『般若心経』は「色は空であり、空は色である（色即是空、空即是色）」と言う。この場合の「色」は、心身を構成する五構成要素（五蘊）の第一要素を意味する。五蘊とは、色（物質）、受（感受作用）、想（単純観念）、行（意欲、行為の慣性的力等）、および識（認識）である。第一の色は、外界の対象としての物質であり、色・形あるものを指し、第二から第五までの要素は心的作用を指している。色のみではなく、他の構成要素も「空である」。つまり、五蘊皆空なのである。

色・形あるものも形のない心作用も「空である」とは現象世界は存在しないことを意味する。「空」の意味は仏教の中でさまざまに解釈されてきたが、基本的には非実在性を意味する。もっともその非実在性は、単にものが存在しないということではなく、「存在する」とか「存在しない」というような、現象世界に対するわれわれの日常の言語活動を否定するという使命を帯びたものだった。つまり、言語活動の死滅が世界の非実在性を意味したのである。現象世界は、しかし、空に至った後ただちに蘇るのである。「空は色である」とは、色・形あるもの、すなわち、「俗なるもの」が蘇る場面を指しているのである。

「色は空である」という思想は、色・形あるものが空虚なもの、無常なものであり、永久不変の真如が色とは別に存在する、と主張しているのでは決してない。むしろ色・形あるものが最高真理（勝義）であると言うのである。龍樹は『中論』において「縁起は空［性］である。それは仮説であり、中道である」と言う。ここの「縁起」とは、現象世界を意味し、「仮説」とは空性に触れて蘇った現象世界を意味している。縁起、つまり、この世界以外に最高真理は存在しないのである。

このように、現象世界の「向こう側に」あるいはそれを超えたところに本質を見るのではなく、現象世界そのものを聖化する態度は、インド大乗仏教が当初から持ってきたものであった。むしろ仏教徒にとっては、西洋哲学において考えられてきた現象（現存在 existence）と本質（essence）との区別はそもそも存在しないと言うべきであろう。換言すれば、仏教徒にとっては、現象世界が本質にほかならないのである。この考え方は、伝統的には「諸法実相」と呼ばれてきた。この考え方を、「宗教における二極」の観点から表現するならば、「俗なるもの」が「聖なるもの」である、と言えよう。われわれの眼前に現われるさまざまなものの形——人間の身体、動物、草や木の形——はそれぞれのもの、つまり人間とか動物とか草木の本質を映しているのであって、これらのさまざまな姿の背後に、実在、あるいは本質が潜んでいるのではない。形と本質との区別さえも本来は許されないものである。形が本質なのであるから、「俗なるもの」の形はそのままに「聖なるもの」である、というのが仏教の究極的な真理であった。

インド大乗仏教徒、そして、他の国の仏教徒たちも、真実の具現者としての仏や菩薩の形（イメージ）をつくりあげ、それを図像《イコン》に残してきた。仏あるいは菩薩は「俗なるもの」としての人間が「聖なるもの」としての真理を体現した姿である。しかし、人間の姿の中に顕現した「聖なるもの」あるいは「聖化」された「俗なるもの」を形という枠組みの中でどのように表現するかが大乗仏教徒の造型上の課題であった。

われわれは、阿閦如来、大日如来、阿弥陀如来が率いる部族がそれぞれ、瞋部、癡部、貪部と名づけられているのを見た（94ページ）。仏によって率いられる部族に煩悩の名前がつけられていることは、煩悩もまたマンダラ世界の一員として考えられていることを意味する。タントリストたちが実際に戦っていた相手はほかならぬ煩悩などであり、人間にとって運命的なこれらの汚れこそマンダラにおいて「聖化」されねばならなかった。

世界の中におけるさまざまなものは常に優美なものであるとは限らない。「不浄なもの」もあれば「醜悪なもの」もある。眼前に現われたものがそのままに本質であるならば、そうした「不浄なもの」や「醜悪なもの」もそのままに本質であり、「聖なるもの」でなくてはならない。マンダラが全世界の縮図であるからには、マンダラにはまた、そのような「不浄なもの」などの姿も現われることになろう。如来の資格を有するヘールカは、血に満たされた頭蓋骨杯、おし拡げられた象の生皮、切り取られたばかりの人間の首の環などを持ったり身につけたりしていた。この不浄な「死を愛する性向《ネクロフィリア》」の見られるさまざまな道具立てはそれぞれの象徴意味を与えられ、全体としては如来ヘールカの身体を荘厳するのである。このような非日常的な形姿は、タントリズムをタントリズムたらしめているものであり、また「諸法実相」という伝統のタントリズム的表現でもある。このようにして「不浄なるもの」もまた「浄化」され、マンダラという「聖なる」世界の中に位置づけられるのである。

マンダラが描かれるとき、あるいは修行者の観想の内容となって出現するとき、それは「聖なるもの」として顕現する。マンダラは、すでに「聖化」された世界であるとともに、「俗なるもの」を「聖化」する力を有するものでもある。マンダラの中心は周縁部を常に引きつけつつ、一方では引きつけた存在を元の位置に送りかえしつつ、世界の「浄化」をなすのである。曼荼羅の神々は、コスモスの中で中心と周縁との間を循環するエネルギーの具現なのである。

註

序章　聖なるもののすがた

☆1　R・オットーは、ユダヤ‐キリスト教的信仰とヴィシュヌ教に見られる「献信（バクティ）の宗教」を次のように対比させる。

「献信の宗教のモットーは、したがって次の形で与えられる。おまえたちは世俗に沈み、把えられている。が、私がおまえらをそこから連れ出そう。

イスラエルの予言者の宗教のモットーは、全く異なっている。それは次のようである。

わたしは聖であるから、あなたがたも聖でなければならない」。

〔Otto 1930：78〕

彼はさらに、両者の相違について「インドは『贖う人』を、ゴルゴタを、十字架を持たない」と言う〔Otto 1930：85〕。Cf.〔Otto 1930：107〕. 確かにオットー自身は「聖なるもの」という概念をユダヤ‐キリスト教的伝統の中で用いているが、彼自身の「比較神学」とも言うべき態度によって、今日におけるように「聖なるもの」という概念をより普遍的に用いるための基礎工事をなしたのは他ならぬオットーである。

☆2　〔エリアーデ 1965：3〕。

☆3　〔カイヨワ 1971：17〕。

☆4　〔エリアーデ 1965：5〕。

☆5　Cf.〔Tachikawa 1983：113〕.

第一章　聖性の場としてのカトマンドゥ

☆1　ネパール地図については、〔Karan & Pauer & Iijima 1983〕と〔Slusser 1982：Maps 1-2〕を参照。カトマンドゥの地図については、*Kathmandu City* (1：10,000), Nepal-Kartenwerk der Arbeitsgemeinschaft für vergleichende Hochgebirgsforschung Nr. 21, Munich, 1979 を参照。

☆2　ネパールの歴史の概説については以下のものを参照。〔Petech 1958：1-3〕,〔Waldschmidt 1969：14-20〕,〔Bendall 1974：Tables 1-2〕,〔Wiesner 1979：15-20〕,〔Slusser 1982：18-79〕,〔佐伯 1984〕.

☆3　〔von Schroeder 1981：409〕.

☆4　〔尾島 1982：105〕。

☆5　〔川喜多 1977：55〕。

☆6　ネパール考古局蔵サンスクリット写本に関しては〔Buddhisāgaraśarman 1953/4—1956/7〕参照。ネパールに残された仏典写本については、〔Mitra 1882〕が有名であるが、盆地内に残る個人蔵の文献コレクションがマイクロフィルム化され、その目録が出版された〔Takaoka 1982〕。Cf.〔川喜田 1984：158, 160〕.

☆7　一九八四年、カトマンドゥの考古局を訪問したときに見ることのできた写本分類目録（未出版）による。ネワールの手になる仏教図像集については、〔Lokesh Chandra 1984：Nos. 1-

2〕と〔Pal 1985: 163-169〕を参照。

☆8 *Sādhanamālā* のテキストは〔Bhattacharyya, B. 1923, 1968b〕、*Nispannayogāvalī* のテキストは〔Bhattacharyya, B. 1972〕参照。

☆9 金剛薩埵 Vajrasattva は菩薩の代表であり、本書第二章「菩薩」の中で扱うこともできるが、ネパールにおいては「聖性」の度は仏のそれに近く、時としては「仏」となる故に第一章で扱うことにした（本書52ページ参照）。

☆10 アーリア人の理想とする都市形態を図案化した一種のマンダラはマーナサーラ（mānasāra）と呼ばれる。カトマンドゥ盆地の中の三都市、とくにバドガオンはこの理想型に近い〔東京大学生産技術研究所 1978: 132〕。Cf.〔Auer & Gutshow 1974: 44, 46〕、〔Gutshow & Kölver 1975: Appendix〕、〔Korn 1975: 4〕、〔Gutshow 1982: 39〕、〔Slusser 1982: Map 9〕、〔Ulrike 1984: 22〕。

☆11 〔石井 1977: 83〕。水牛の魔神を殺す女神（マヒシャースラマルディニー Mahiṣāsuramardinī）はドゥルガー Durgā とも呼ばれるが、この女神はいわゆる「大いなる伝統」(great tradition)に属す。一方、カーリー Kālī はベンガル地方の地方神であり、「小さな伝統」(little tradition)に属すと言えよう。元来はネパール南部の部族神であったタレジュは、カトマンドゥ盆地においてドゥルガー崇拝とカーリー崇拝と出合い、この二つの伝統の媒介者あるいは結合者となった。すなわち、タレジュは、ある時はドゥルガーと、ある時はカーリーと同一視される。もっともドゥルガーとカーリーの同一視は、カトマンドゥ盆地に限ったことではなく、ベンガル地方にも見られる。カトマンドゥ盆地では、タレジュが最も聖なる女神である故に、タレジュという姿をとってドゥルガーやカーリーが現われるのである。またカトマンドゥでは、カーリーとチャームンダー Cāmuṇḍā 女神（本書図188）とがしばしば同一視される。

☆12 〔氏家 1976: 14〕。

☆13 〔波多野 1984: 89〕、〔Pruscha 1975: vol. 2, c/p-62〕。

☆14 カトマンドゥ盆地における重要な仏教寺院には以下のものがある。①、②などの番号は本書図12の番号であり、K-130, P-111などは〔Pruscha 1975〕の中でそれぞれの寺院に付けられている番号である。

①チュシュヤー・バハール Chuṣyā Bahāl, K-16。カトマンドゥ旧市街の東端にある、ビハール形式の仏教寺院である。規模はそれほど大きくはないが、中庭をかこむ多数のほおづえには仏教の諸尊の像があり、美術史・図像学的にも貴重なものである。この寺院に見られる仏教パンテオンの構造については〔van Kooij 1977〕が詳しい。本堂正面や中庭の写真については、〔Fujioka & Watanabe 1981: Fig. 37〕と〔Slusser 1982: Pls. 151-154〕を参照。

②セト・マツェーンドラナート Seto Matsendranāth（Seto Macchendra Nath）、K-129；ジャナ・バハール Jana Bahāl, K-130。前者は層塔（本書写真22）であり、後者は前者をとりかこむビハール形式の寺院である。もっとも一般的にはこの区別はなされていない。カトマンドゥ旧王宮近くにあるこの寺院はカトマンドゥ市の仏教寺院を代表するものである。この寺院の歴史や儀礼については〔Locke 1980〕を参照。

③クワー・バハール Kvā Bahāl, P-111。クワー・バハールは

パタン市における仏教寺院の中、最大のものの一つである。この寺院はサキャ・カーストにより支えられているが、サキャには得度させる権限は与えられていない。したがって、この寺院はチベット僧の参加を得てその権限を得ている。この寺院内にはチベット様式の仏殿がある〔von Schroeder 1981: 375〕,〔Deep 1984: 54〕。Cf.〔Lévi 1905: Vol. 2, 194, 343〕.

④シ・バヒル Śi Bahil, P-69。この寺院の本尊はラトナパーニ Ratnapāṇi（蓮華手）菩薩である〔田村 1986: Pl. 125〕。本書写真23、24参照。

⑤ブ・バハール Bu Bahāl, P-44。広い中庭を有し、本堂正面前には法界語自在マンダラを描いた大きな銅製円盤がある。本堂正面は見事な造形作品によって仏教パンテオンの構造をよく示している。

⑥ワナー・バハール Wanā Bahāl, P-40。小さな規模の寺院であるが、この本堂正面はネパール仏教寺院の本堂正面の典型を示し、その前には小さな法界語自在マンダラの台がある。正面扉トーラナには大日の立像がある。正面横のターラー像に関しては本書写真152参照。

⑦ダウ・バハール Dau Bahāl, P-22。本堂正面のトーラナには、ダルマチャクラ・マンジュシュリー像がある〔Pruscha 1975: Vol. 2, 136〕。

⑧ハカー・バハール Hakā Bahāl, P-39。クワー・バハールと並んでパタン市における最も有名な仏教寺院の一つである。このパタン市の「生き神」クマーリーはこの寺院のヴァジュラーチャールヤの娘であった〔Pruscha 1975: Vol. 2, 139〕。この寺院の中庭に見られる法界語自在マンダラ（本書写真53）は、「カトマンドゥ盆地の法界マンダラの基準である」と言われるほど精緻なものである。本堂正面については本書写真20参照。

⑨ラト・マツェーンドラ Rato Matsendra, P-6。ここの本尊は「赤マツェーンドラ」あるいは「赤観自在」の名で親しまれている。広い境内の中央に立つ三重の塔である。この層塔のほおづえにもセト・マツェーンドラの場合と同じように（本書写真22、78、79）、ほおづえにさまざまな観自在像がある。

赤マツェーンドラ——あるいはブンガディオ（ブンガマティーの国の神）——の像は半年毎に住処を変えることで知られている。つまり、冬期の半年はパタン市の南端にある赤（ラト）マツェーンドラの寺に、夏期にはそれより南のブンガマティーの堂に置かれる。四、五月に行なわれる赤マツェーンドラ像の大沐浴祭と、同月の山車巡行祭とがこの観自在の二大行事として知られている。赤マツェーンドラを運ぶ山車は高さ20メートルにも達する。写真73は山車の中の赤マツェーンドラである（一九八四年七月撮影）。

⑩ミンナート Minnāth, P-277。タンガ・バハール Tanga Bahāl あるいはジェーシュタヴァルナ・マハービハール Jeṣṭhavarṇa Mahāvihār とも呼ばれる。サキャ・カーストによって支えられている。赤マツェーンドラの山車巡行祭と関係しており、この寺院は赤マツェーンドラの寺院に近い。赤マツェーンドラ（写真73）が納められていた山車の傍に、ミンナート（写真74）の山車もあった（一九八四年七月）。

⑪マハー・バウダ Mahā Bauddha, P-234。インドのボードガヤ Bodhgaya のマハーボーディ Mahābodhi 寺院の塔をモデルにしたテラコッタの塔でよく知られている。このあたりは

サキャ・カーストが多く住む地域である。
⑫ウク・バハール Uku Bahāl, P-226。パタン市の東南端にあるビハール形式の仏教寺院。サキャの人々によって支えられており、一年交替でサキャの家より堂守を出している。一九八四年夏には、毎日、二回、ネワールの伝統にそった簡単な勤行が行なわれていた。中庭に古いほおづえを残していることでもこの寺院はよく知られており、本堂正面（本書写真18、20、240—247参照）には数多くの造形作品が残されている。
カトマンドゥ盆地における仏教寺院は日本やチベットにおけるような宗派・学派を形成しているわけではないが、カーストの相違などによって幾つかの系統に分けられる。盆地内の仏教寺院の系統・組織については〔Ratna Kajee & Bijaya Ratna Vajracarya 1983〕を参照。

☆15 〔氏家 1976：8〕。

☆16 〔Locke 1980：141〕。

☆17 ストゥーパあるいはチャイトヤには、シャーキャ・ムニの涅槃のシンボルとしての「表層意味」の他に、宇宙のシンボルとしての「深層意味」が与えられていると思われる。ストゥーパは全体としては卵の形をしており、これは宇宙あるいは世界を指している。仏教徒がストゥーパを礼拝するのと同じような形態で、ヒンドゥー教徒はリンガ（男根）を崇拝する。リンガもまた「卵」型を素型として含んでおり、これにも宇宙という「深層意味」とシヴァ神の権化あるいは力という「表層意味」とがあると考えられる。ネパールでは、ストゥーパとリンガとが一体となったものもしばしば見受けられる。

☆18 〔Majupuria T. C. & I. 1979-80：200〕。この層塔の写真については〔Deep 1984：43, 47〕参照。

☆19 カトマンドゥにおける仏教寺院、とくに層塔形式のものはしばしば金メッキを施されている。たとえば、セト・マツェーンドラ（本書写真22）、ハーリーティー（本書写真191）、アンナ・プールナ（本書写真190）の層塔。

☆20 〔村田 1954：23〕。

☆21 トーラナの中尊を囲むこのような構造はヒンドゥー教の寺院のトーラナもほぼ同様である〔Tachikawa 1984：Pls. 3, 13, 56, 91, 140〕。

☆22 〔Pruscha 1975：Vol. 2, 136〕。

☆23 本書145ページおよび第六章註☆18参照。

☆24 この八大菩薩は向かって左から弥勒、虚空庫、普賢、金剛手、文殊、除蓋障、地蔵、虚空蔵 Khagarbha であり、それぞれ一面二臂である。

☆25 〔Pruscha 1975：Vol. 2, 192〕。

☆26 〔Pruscha 1975：Vol. 2, 139〕。

☆27 「マンダラ台」はシ・バヒルの他、パタン市ではハカー・バハール（本書写真53）、ブ・バハール、ダウ・バハール、ワナー・バハールなどに、カトマンドゥではクマーリ・チョーク（クマーリ・ディヨーチェー Kumāri Dyoche〔Pruscha 1975：Vol. 2, 72；K-205〕）やスヴァヤンブーなどの寺院にある（上記の寺院の位置については本書図12と第一章註☆14を参照）。

第二章 仏

☆1 リッチャヴィ期のシャーキャ・ムニ像については〔von Schroeder 1981：304-309〕参照。カトマンドゥのドゥヴァカ・

バハール Dhvaka Bahal にあるリッチャヴィ期のチャイトヤに彫られたシャーキャ・ムニ像も有名である〔Pal 1974: Pl. 15〕、〔Macdonald & Stahl 1979: 80〕、〔Slusser 1982: Pls. 276, 448–449〕。Cf.〔Singh 1968: 181〕、〔Wiesner 1976: Pl. 113〕、〔田口 1984: 54–56〕。

☆2　このような阿弥陀は、しかし、いわゆる「人間」ではすでにない。非現実的、空想的に荘厳された「浄土」の中で、静かに衆生を見守る存在である。シャーキャ・ムニは理法そのものが歴史の中に人間の姿をとって現われた存在（化身）であるが、阿弥陀は過去世における善行功徳の「報い」として出現した存在（報身）と言われる。なお、理法が仏の本身であるという意味で、法身《ほっしん》と呼ばれる。法身、化身および報身は三身と呼ばれ、仏の働きの「動態」を物語る。なお、日本では大日如来は法身仏と考えられている。

☆3　阿弥陀仏を説く経典の原型は西紀一世紀以前にさかのぼると考えられる〔平川 1974: 318〕。

☆4　〔松長 1980a: 47〕。

☆5　本書に用いられたネワールの白描の作者についてはあとがきを参照。

☆6　Cf.〔Slusser 1982: Pl. 175〕、〔Pal 1978: Pl. 10〕。

☆7　スヴァヤンブー〔ナート〕寺院の配置図については、〔Pruscha 1975 Vol. 2, 108–111〕、〔Majupuria, T. C. & I. 1979–1980: 130/131〕、〔Slusser 1982: Fig. 27〕参照。スヴァヤンブー仏塔の写真については、〔Hoefer 1983: 112–114〕、〔田村 1981: 20–21, 24〕参照。

☆8　本書写真25、71、138、193、205参照。

☆9　厳密には南東に向いている。Cf.〔Pruscha 1975: Vol. 2, 157〕。

☆10　〔Bhattacharya, B. 1972: 5, *ll.* 10–11〕において、「阿弥陀は〔身体は〕赤色で、〔中央の〕面は赤、〔右の〕面は黒、〔左の〕面は白で、左の手で鈴と索と茎のついた蓮華を胸のところで持ち、右の手でその蓮華を開かせており、他のもろもろの手で金剛、円輪、宝珠、刀を持つ」と規定されている。

☆11　「法界マンダラ」とは、つぶさには、法界語自在文殊 Dharmadhātuvāgīśvaramañjuśrī マンダラと言う。『完成せるヨーガの環』二一章〔Bhattacharya, B. 1968b: No. 21〕には、このマンダラの構造や諸尊が説明される。この個所の仏訳と和訳についてはそれぞれ〔Mallmann 1964: 82–96〕と〔清水 1983: 110–121〕を参照。クワー・バハール（寺院入口の天井）、ハカー・バハール、ブ・バハール、ワナー・バハールなどに法界語自在マンダラが見られる。チベットの法界語自在マンダラについては〔bSod nams rGya mtsho 1983: No. 41〕参照。

☆12　〔Pruscha 1975: 15〕。

☆13　〔van Kooij 1977: 53〕。

☆14　〔Bhattacharya, B. 1972: 54〕、『完成せるヨーガの環』（*NPY*）No. 21に述べられる四仏の持物の順序は、チュシュヤー・バハールのほおづえの尊像に見られる、向かって最も手前の臂の持物から順に後方の臂の持物へという順序と一致する。たとえば、宝生は*NPY*, P. 51. *ll.* 17–18には「八臂で、右〔の四臂〕に金剛、剣、矢、鉤を、左〔の四臂〕に如意珠のついた旗、金剛鈴、索、弓を持つ」とある。写真57の宝生はこの記述のとおりに持物を有する。

図267は現代のネワールの画家の手になるものである。現代のネワールの描き方によれば、儀軌に述べられた持物の順序は左右のバランス——たとえば、右に金剛、左に鈴というような——あるいは全体的な構図——たとえば、ふりあげられた剣が一番上にくるというような——によって決定されるということである。したがって、図267の宝生の持物の持ち方は図57の場合と異なる。

一方、後世のチベットの伝統では儀軌に述べられた持物は全体の図の上から下へ降りてくる順序に描かれる。

図268は『五百尊図像集』（ハンブルク大学蔵）に含められる法界語自在文殊の図（rdor phreṅ 15b）である。この尊格は *NPY*, P. 54, *ll.* 7-8では「〔左右の〕二臂で転法輪印を、右〔の三臂〕で剣、矢、金剛を、左〔の三臂〕で般若経函、弓、金剛鈴を持つ」と規定されるが、図268における持ち物の持ち方は向かって手前の臂から背後の臂へという順序ではなく、上から下へ、したがって最も奥の臂へという順序となっている。Cf.〔Clark 1965 : 26 B（B151）〕,〔bSod nams rGya mtsho 1983 : No. 41（中尊）〕,〔Lokesh Chandra 1986 : Vol. 1, 373〕.

図269は現代のネワールの画家の描いた法界語自在文殊であり、チュシュヤー・バハールの場合よりもむしろチベットの方法に似ている。図270の文殊は、チュシュヤー・バハールの場合と同様「手前から背後へ」という順序に、ネワールの画家によって描かれたものである。

☆15　本書42ページ参照。

☆16　本書18ページ、第一章註☆9参照。

☆17　〔Bhattacharya, B. 1968a : 75〕.

☆18　〔Bhattacharya, B. 1968a : 43〕.『初会金剛頂経』では金剛薩埵、金剛手 Vajrapāṇi、持金剛（金剛執）Vajradhara は同一視されている〔頼富　1982 : 135〕。

☆19　Cf.〔Slusser 1982 : Pl. 175〕.

☆20　Cf.〔Slusser 1982 : Pl. 496〕.

☆21　このような姿の燃燈仏はカトマンドゥではよく見かけられる。Cf.〔Waldschmidt 1969 : 40〕,〔Macdonald & Stahl 1979 : 38〕. 合掌をした姿の燃燈仏については〔Dowman 1981 : Pl. 8〕参照。

☆22　もっともヘールカの面が常に忿怒相を有しているわけではない。たとえば、『五百尊図像集』（R22a）の「白色の勝楽」は切りとられた首の環などを有しているが、顔面は恐ろしげではない〔立川　1981 : 146⑫〕,〔Lokesh Chandra 1986 : Vol. 1, 578〕.

後期仏教タントリズムには自らの力で仏たちの新鮮なイメージをつくりだす力はなかった。したがって、当時、ヒンドゥー教において人気のあった、恐ろしい相をしたシヴァ神のイメージを借りてきてそれを仏教の尊格へとつくりかえたのである。このような傾向は、結局、大乗仏教がインドの地において滅ぶまで続いた。

☆23　「ヘールカ」という名称は、広義と狭義とに用いられる。前者の場合には、本書に記述したように、金剛バイラヴァ、チャクラサンヴァラ、ヘーヴァジュラというような種類に分かれるが、後者の場合にはたとえば『観想法の花環』（二四一番）には「一面二臂で、忿怒相を有し、右手に金剛、左手に血に満たされた頭蓋骨杯を持つ」という姿で現われる〔立川　1978 : 211〕、

▲268

267▶

▼270

269▼

〔Sahu 1958 : Fig. 34〕。

また狭義のヘールカは「死の瞬間から次に生まれるまでの期間（中有）」において死者を解脱へと導くために現われる五人の恐ろしい神々――ブッダ・ヘールカ Buddha-heruka、ヴァジュラ・ヘールカ Vajra-heruka、ラトナ・ヘールカ Ratna-heruka、パドマ・ヘールカ Padma-heruka、およびカルマ・ヘールカ Karma-heruka ――を指すことがある。因みに、この五ヘールカはそれぞれ、大日、金剛薩埵、宝生、阿弥陀、不空成就の忿怒形である。

ヘールカに関する文献については〔立川 1978 : 278 (11)〕参照。

☆24 〔立川 1977 : 271, 280 (19)〕参照。

☆25 マヒシャについては、〔立川・石黒・菱田・島 1980 : Pls, 144, 148〕参照。マヒシャの部下スンバ Sumbha は仏教パンテオンにとりいれられて孫婆大王 Sumbharāja となった（本書132ページ参照）。

☆26 〔立川 1977：275〕、〔エリアーデ 1975：Vol. 1, 180〕。

☆27 Cf.〔Pal 1985：S46, S65〕。サンヴァラの「聖なる」エロティシズムに関しては〔Majupuria, T. C. 1980-81：219〕参照。

☆28 〔'Jam dbyangs Blo gter dbang po 1971：Vol. 20, f. 23, *l*. 4〕、〔長野 1983：21〕。

☆29 パタン博物館所蔵十七世紀のヘーヴァジュラ像については〔Macdonald & Stahl 1979：53〕参照。

☆30 ヤマーリはヤマーンタカと同一視される。ヤマーンタカは護法神として登場することもある（本書132ページ参照）。

第三章 菩薩

☆1 後世、チベット仏教では仏より「直接語られる教え」とは別に「加持によって語られる教え」を立てる。『般若心経』は後者の一種である「心によって加持された教え」（thugs kyis byin gyis brlabs pa'i bka'）と考えられている〔Dudzom 1967：19a, 5〕。

☆2 〔中村・紀野 1960：17〕。Avalokiteśvara の名前については〔Mallmann 1948：59-67〕参照。

☆3 ナータ崇拝に関しては、〔Sahu 1958：156-180〕、〔エリアーデ 1975：Vol. 2, 131-132, 151, 162〕参照。

☆4 マツェーンドラナート、ゴーラクシャナートについては、〔エリアーデ 1975 Vol. 2, 161, 170〕、〔Locke 1980：431〕参照。

☆5 〔Ram 1978：80〕、〔菅沼 1983：42〕。

☆6 〔Ram 1978：90〕、〔菅沼 1983：43〕。普賢観自在とスリシュティカーンタ（諸天生成観自在）については、〔アモーガヴァジュラ 1982：33, Nos. 56-57〕、〔Bhattacharya, B. 1968a：399, Nos. 52-53〕参照。

☆7 赤マツェーンドラ像（本書写真73）については、〔Slusser 1982：Pl. 593〕、〔Hoefer 1983：186〕、〔田村 1986：Pl. 126〕参照。

白マツェーンドラ像については、〔Bernier 1979：Pl. 89〕、〔Locke 1980：Pl. 25〕、〔Dowman 1981：Pl. 21〕、〔Slusser 1982：Pl. 600〕、〔田村 1986：Pl. 127〕参照。

☆8 本書写真7、161②、162参照。161③は赤マツェーンドラである。

☆9 もっともこの様式はネパールに特有なものではなくて、ビハールやベルガル地方にも見られるものである。

☆10 観自在が属する貪部の主（本地仏）は阿弥陀仏であるが故に、阿弥陀仏の存在が強調されるのであろう（本書94ページ）。

☆11 それぞれのチャイトヤの配置や年代については〔Locke 1980：140-142〕、チャイトヤのある境内の写真については〔田村 1981：Pl. 12〕参照。

☆12 〔Bhattacharya, B. 1968a：394-431〕に一〇八観自在の白描と説明があるが、この記述とセト・マツェーンドラ層塔の四方に最初に描かれていた板絵とは一致しなかったと言われている〔Locke 1980：133 (n. 14)〕。今日見られる紙本の図像は一九六六年に描かれたものであるが、この経過については〔田口 1984：67-68〕参照。また、百八観音木刻図像集刊行会から新しく版木を起こした一〇八観自在の図像集である〔アモーガヴァジュラ 1982〕が出版されている。

☆13 〔Bhikshu Sudarśana 1980：110-118〕には、三六〇観自在の名称リストがある。

☆14 これらの四〇の観自在のほとんどが一〇八観自在の中に含まれている。

☆15 〔Locke 1980：135-136〕.

☆16 セト・マツェーンドラ層塔の一階の屋根を支える、東面向かって右から三番目の舞踊明主観自在 Nṛtyanāthalokeśvara（一〇八観自在の七四番）も、蓮華明主観自在と同様の舞踏の姿で表現されている。ただ、持物は異なる。前者がシヴァ神と観自在との結びつきをより明確に表わしているように思われる。後者は、前者の持物を、観自在の持物として一般的な蓮華ととりかえたものと理解できる。

☆17 〔Deep 1984：50〕.

☆18 〔Hemarāja Sakya n.d.：15-16〕によれば、このグループの観自在の名称とその霊場は以下のようである。

月 名	観自在名	霊地名
カールティカ	アーディナート（Ādināth）	チョーバー（Cobhā）
マールガシールシャ	ミンナート（Minnāth）	タンガ・バハール（Ṭaṅga B°）〔1〕
パウシャ	十一面観音（Ekādaśa）〔2〕	ジャナ・バハール
マーガ	ハリハリハリヴァーハナ	サキャチャング（Sakyacaṅgu）
ファールグナ	蓮華手	ナーラー（Nālā）
チャイトラ	蓮華手	ブンガ（Buṅga）
ヴァイシャーカ	六文字	バデーガーン（Badegān）
ジュエーシュタ	蓮華手	クヴァパ（Khvapa）
アーシャーダ	蓮華手	テーミ（Ṭhemi）
シュラーヴァナ	蓮華手	ヤングヴァー・ダーラーチェン（Yaṅguvā Dhārāchen）
バードラパダ	蓮華手	トヴァーヤ・バハール（Tvāya B°）
アシュヴァユジャ	蓮華手	ラガンケール（Lagaṅkhel）

〔1〕 B°は Bahāl の略。
〔2〕 聖観自在とも言われる。

☆19 〔Hemarāja Sakya n.d.：14-18〕.

☆20 〔Bhattacharyya, B. 1968a：Fig. 95-97〕. Cf. 〔Sahni 1972：Pl. XIV〕，〔Huntington 1984：Pls. 157, 234〕.

☆21 〔Bhattacharyya, B. 1968a：128〕. インドにおけるカサルパナ観自在については、〔Huntington 1984：Pls. 75, 137, 138, 140, 178, 181, 243〕参照。

☆22 〔Bhattacharyya, B. 1968a：137〕.

☆23 〔Hemarāja Sakya n.d.：18〕：ratnasahitagu pātra.

☆24 ヒンドゥーの神々の間においても仏教の尊格の間においても、さらにこの両者間においても、一尊の特質が他の尊格に移ることが非常に多い。たとえば、シヴァ神の持つ特質――持物あるいは身体の色など――がシヴァの妃に「転移」したり、「シヴァが毒を飲んで頸が青くなった」という神話が、観自在にも「転移」して、青い頸の観自在が生まれたりするのである。これはマックス・ミュラーの唱えたいわゆる「交替神教」（henotheism）の一側面である。「転移」については〔立川・石黒・菱田・島 1980：234〕参照。

☆25 〔Bhattacharyya, B. 1968a：139〕.

☆26 〔三井 1930：82〕、〔佐和 1972a：胎 82（52）〕。

☆27 〔アモーガヴァジュラ 1982：No. 37〕。

☆28 〔Vadrīratna Vajracarya 1981 : 4-5〕に不空羂索マンダラの構造の説明がなされている。Cf.〔Slusser 1982 : Fig. 200〕，〔Pal 1978 : Pl. 131〕，〔田村 1986 : Pls. 134，135〕.

☆29 Cf.〔Bhattacharyya，B. 1968a : 100〕.

☆30 観自在が蓮華（ハス，padma）を持つ一方，文殊は睡蓮(utpala)を持つと考えられる。後世のネパールやチベットではこの両者は区別されていないが，インドではかなりおそくまで区別されていたように思われる（本書100ページ参照）。Cf.〔Mallmann 1964 : Pl. Ⅷ〕.

☆31 〔Dowman 1981 : 218〕.

☆32 『佛説最勝妙吉祥根本智最上秘密一切名義三摩地分』（大正蔵 Vol. 20，No. 1187）。サンスクリット・テキストおよびチベット訳は〔Mukherji 1963〕参照。和訳は〔栂尾 1983 : 225-350〕。英訳は〔Wayman 1985〕参照。

☆33 〔Divyavajra 1956 : pa〕.

☆34 〔立川 1986a : 72，82〕。

☆35 〔Bhattacharyya，B. 1968a : 121〕. Cf.〔Coomaraswamy 1965 : Ill. 229〕，〔Mallmann 1975 : 256〕.

☆36 図113―119は，〔Divyavajra 1956 : pa-ha〕からとったものである。

☆37 六臂の文殊像については〔von Schroeder 1981 : 390-392〕参照。

☆38 〔Bhattacharyya，B. 1972 : 54〕，〔Mallmann 1964 : 82〕，〔清水 1983 : 110〕.

☆39 〔町田 1976 : 73〕参照。

☆40 〔佐和 1972a : 胎 9（13），金 42〕。

☆41 図121に見られるように，右手に花，左手に薬瓶を持つという姿は〔Waldschmidt 1969 : Fig. XV〕のそれと一致する。弥勒が持つ花は一般にはナーガケーシャ（nāgakeśa）である〔Bhattacharyya，B. 1923，560〕。

図121ではこの花の特徴は明らかではないが，上述の写真では明白である。また後者には弥勒像の特質の一つである頭上の小さなチャイトヤも見受けられるが，図121にはない。Cf.〔Pal 1974 : Pl. 212〕，〔Pal 1985 : S20〕.

如来形の弥勒像については〔von Schroeder 1981 : Fig. 87A〕にあるが，この像はチベットのものであるという説もある〔von Schroeder 1981 : 342〕参照。

☆42 この「法界マンダラ」の十六菩薩の方が，少なくともそのいくつかは，従来からよく知られたものである。金剛界の十六大菩薩は実は従来の菩薩が名前を変えて新しい尊格として登場したものと考えられる。たとえば，金剛薩埵は金剛手から，金剛宝は虚空蔵から，金剛法は観自在（観音）から，金剛利は文殊からといったようにである〔頼富 1985 : 47〕。

またこれらの法界マンダラの十六尊は日本の金剛界マンダラにおける賢劫十六尊とかなり異なる〔栂尾 1927 : 515-516〕。

☆43 〔アモーガヴァジュラ 1980 : 67-80〕。

第四章　女　神

☆1 インド，ネパールにおける女神崇拝に関しては以下を参照。〔Sircar 1967〕，〔Sircar 1973〕，〔Bhattacharyya，N. 1974〕，〔Bhattacharyya，N. 1977〕，〔Macdonald & Stahl 1979 : 45-57〕，〔Slusser 1982 : 307-349〕.

☆2 〔バッタチャルヤ 1962：169〕，〔Bhattacharyya, B. 1968a：XV-XVII〕，〔立川 1977：263〕．ときとして金剛薩埵に率いられる第六の部族が数えられる〔Bhattacharyya, B. 1968a：54〕。

☆3 〔エリアーデ 1975：Vol. 2, 10〕。

☆4 スヴァヤンブー仏塔には大日如来の妃のための龕はつくられていない。したがって、本書96—99ページにおいては四妃のみが扱われている。

☆5 〔Bhattacharyya, B. 1968a：54〕，〔佐和 1972a：胎18（27）〕．

☆6 〔Bhattacharyya, B. 1968a：52〕．Cf.〔Getty 1962：51〕．胎蔵マンダラに見られるこの女神像については〔佐和 1972a：胎24（33）〕参照。

☆7 〔佐和 1975：584〕。

☆8 〔Bhattacharyya, B. 1968a：49〕．因みに文殊はさまざまな姿をとってそれぞれの部族に属すと考えられる。

☆9 〔田中 1986：11〕。

☆10 〔佐和 1972：胎61（46）〕，〔佐和 1975：付録35（No. 61）〕，〔Yamamoto 1980：Fig. 2, No. 45〕．

☆11 〔Bhattacharyya, N. N. 1967：143-146〕．B. Bhattacharyya はターラーの起源をチベットに求める〔バッタチャルヤ 1962：202〕。Cf.〔Kirfel 1952：111-113〕，〔Dhavalikar 1962-63：15-20〕．

☆12 〔Gupte, R. S. 1964：115〕．

☆13 〔Gupte, R. S. 1964：104〕．

☆14 『観想法の花環』九七番「金剛ターラー観想法」の和訳・解説については〔立川 1986a〕参照。

☆15 金剛ターラーの立体マンダラに関しては多くの考究がある。〔Foucher 1905：68 - 72〕，〔Bhattasali 1929：45 - 53〕，〔Sahu 1958：211-212〕．

☆16 Cf.〔Pruscha 1975：Vol. 2, 88, K-320〕，〔Dowman 1981：225〕．この女神はネワール語ではビジェーソー〔シュウォー〕リー Bidjeśworī と呼ばれる。

☆17 Cf.〔Wylie 1970：34n.〕，〔Pruscha 1975：Vol. 1, 188-189, V-MZ-22〕，〔Dowman 1981：254〕．本書８ページ地図（No. 5）参照。

☆18 Cf.〔Lévi 1905：Vol. 2, 246, 379〕，〔Wylie 1970：13〕，〔Pruscha 1975：Vol. 1, 154-155, V-MZ-8〕，〔Dowman 1981：274-277〕，〔Slusser 1982：Pl. 199〕．

☆19 Cf.〔Sahu 1958：Fig. 59〕，〔Bhattacharyya, B. 1968a：219, Figs. 159-160〕，〔Waldschmidt 1969：Pl. 78〕，〔Hasrat 1970：24〕，〔Pal 1978：Pl. 73〕．

☆20 〔Bhattacharyya, B. 1972：intr. 41〕．この八ダーキニーは他に『完成せるヨーガの環』八章「ヘールカ・マンダラ」と二四章「パンチャダーカ・マンダラ」にも登場する。

☆21 Cf.〔Rao 1914：Vol. 2, 156, 193〕，〔Sahu 1958：134, 135, 162, 166〕，〔Daniélou 1963：Pl. 25〕，〔Bhattacharyya, B. 1968a：218, 321〕，〔Stutley 1977：66〕，〔頼富 1982：164〕．

☆22 〔Macdonald & Stahl 1979：131〕，〔Pal 1978：Pl. 79〕，〔田村 1986：Pl. 137〕．

☆23 五護陀羅尼については以下を参照。〔Bhattacharyya, B. 1968a：153, 200, 216, 234, 243〕，〔Bhattacharyya, D. C. 1972：85-92〕，〔Mallmann 1975：289-295〕，〔van Kooij 1978：25〕，〔佐和 1975：209〕．「マハーマーユーリー陀羅尼」と「マハーサ

ーハスラプラマルダニー陀羅尼」については〔岩本 1975: 211ff., 271ff.〕参照。マハープラティサラーについては〔栂尾 1981: 500-505〕参照。

☆24 〔van Kooij 1978: 25〕。

☆25 たとえば、〔Takaoka 1981〕には五四本の『パンチャ・ラクシャー』の写本が記録され、〔Lokesh Chandra 1981〕には二種の写本が複製されている。Cf.〔Mitra 1882: 164-167〕、〔Buddhisāgaraśarman 1953/4-1956/7: index, 78〕。

☆26 〔佐和 1962: 95〕、〔佐和 1975: 299〕。

☆27 〔Bhattacharyya, B. 1968a: 239, Fig. 179〕。

☆28 〔Sahu 1958: 222〕。

☆29 『観想法の花環』(二一三、二一五番)には一面二臂のヴァスダーラーが述べられている〔Bhattacharyya, B. 1968a: 421, 422〕。Cf.〔佐和 1982b: 172 (No. 17)〕。

☆30 〔Bhattacharyya, B. 1968a: 215, Fig. 157〕。

☆31 七頭の猪に曳かせた像については〔Sahu 1958: Fig. 64〕参照。東インドでは馬に曳かれたマーリーチーの像(十三世紀)もつくられた〔Gupta, S.P. 1985: 46〕。

☆32 〔佐和 1975: 650〕。

☆33 〔岩本 1975: 199〕。

☆34 *Parṇaśabarī-dhāraṇī*(『葉衣観自在菩薩経』〔大正蔵 Vol. 20, No. 1100〕、『佛説鉢蘭那賖嚩哩大陀羅尼経』〔大正蔵 Vol. 21, No. 1384〕)。和訳については〔岩本 1975: 195-209〕参照。パルナ・シャバリー像については〔バッタチャルヤ 1962: Pl. XII〕参照。

☆35 〔佐和 1972a: 胎 78 (51)〕。

☆36 『西蔵大蔵経』(北京版) No. 339。

☆37 〔Bhattacharyya, B. 1968a: 225〕、〔Mallmann 1975: 178〕。

☆38 〔van Kooij 1978: 26〕。

☆39 〔Bhattacharyya, B. 1968a: 349-352〕、〔Mallmann 1975: 336-338〕。

☆40 図180はしかし『観想法の花環』(*SM*)の記述とは完全には一致しない。図では右手の持物は手前の第一臂から数えて「蓮華、カルトリ刀、剣」となっているが、*SM*では「蓮華、剣、カルトリ刀」となっている。これは現代のネパール(ネワール)の描き方によれば、図像全体のバランスの方を重視するために刀が最も上方にくるように——文殊像のほとんどがそうであるように——描かれるためである。第二章註☆14参照。

☆41 〔Bhattacharyya, B. 1968a: 147〕。

☆42 七母神あるいは八母神については以下のものを参照。〔Rao 1914: Vol. 1, 379, 381, 389〕、〔Banerjea 1966: 117, 125〕、〔Sircar 1967: 28, 30, 54, 80〕、〔Prabhudesai 1972: Vol. 2, 382-383, 389, 393-394: Vol. 3, 21, 43〕、〔Nandi, S.C. 1973: 127-146〕、〔Bhattacharyya 1974: 102-104, 147-148〕。

☆43 Cf.〔Rao 1914: Vol. 1, Pl. CXVIII〕、〔Fergusson & Burgess 1969: Pl. LXXII〕。

☆44 たとえばボンベイのプリンス・オブ・ウェイルズ博物館所蔵のものについては〔Moti Chandra 1974: Pl. 141〕。デリーの国立博物館所蔵のものについては〔Gupta 1985: 40〕参照。

☆45 「八バイラヴァ」とは一般に、アシターンガ Asitāṅga、ルル Ruru、チャンダ Caṇḍa、クローダ Krodha、ウンマッタ Unmatta、カパーリー Kapālī、ビーシャナ Bhīṣaṇa、サンハーラ Saṃhāra である〔*Brahmāṇḍapurāṇa*, IV, 19, 77-78〕。Cf.〔Shastri, J. L. 1973: 183〕.

カトマンドゥにおける八母神と八バイラヴァについては、〔Tachikawa 1984〕、〔Tachikawa 1986〕、〔立川 1983〕、〔立川 1986b〕参照。

☆46 〔Vadrīnatha Vajrācārya 1970〕. これはネワール仏教徒の勤行用テキストとして出版されたパンフレットである。

☆47 アンナプールナー女神像については、〔Gail 1984: Tafel XXXV-3〕参照。ゴン・ピャカン寺院の舞踏については〔一柳 1985: 121-125〕参照。

☆48 ハーリティー伝説に関しては、〔宮坂 1981〕参照。Cf.〔Mallmann 1975: 179〕. カトマンドゥ盆地におけるハーリティー像については、〔Pal 1972: Pls. LIII, LV〕、〔Pal 1974: Pls. 59, 60〕参照。Cf.〔Slusser 1982: 320-321〕.

☆49 〔Pruscha 1975: Vol. 2, 169, K-325〕, 〔島 1985〕, 〔田口 1985〕.

☆50 〔Pruscha 1975: Vol. 1, 137, V-MZ-3〕.

第五章　護法神

☆1 〔Bhattacharyya, B. 1968a: 344〕, 〔Stutley 1977: 170〕.

☆2 たとえば、『五百尊図像集』(R130b)、〔立川 1981: 147⑲〕参照。馬に乗るマハーカーラはインドではまず見られないであろう。Cf.〔Lokesh Chandra 1986: Vol. 1, 887〕.

☆3 ネパールのマハーカーラ像については、〔Bhattacharyya, B. 1968a: Fig. 226〕、〔Waldschmidt 1969: Pl. 25〕、〔Ray 1973: Ill. 97〕、〔Slusser 1982: Pls. 479, 480〕参照。

☆4 『観想法の花環』(二〇四番)〔Bhattacharyya, B. 1968b: 591, *l*. 4〕では ca vajrapāśam（金剛と索を持つ）とあるが、図197の作者は tarjanīpāśa（索を持って人指し指をのばしている）と読みかえている。「索を持ちながら人指し指をのばす」仕草については〔Ray 1973: Ill. 97〕参照。

☆5 〔頼富 1984: 160-161〕。

☆7 『観想法の花環』には四の不動観想法（八五—八八番）があるが、八六番のみがこのポーズをとる。Cf.〔佐和 1984: 170（図29）〕.

☆8 妃を伴うチャンダマハーローシャナの絵については〔Pal 1978: Ill. 109〕参照。

☆9 十忿怒尊については本書132頁参照。

☆10 〔白石・酒井 1958: 99-118〕。

☆11 この白描の作者ガウタマ・ラトナ・ヴァジュラーチャールヤによれば、この白描のイメージはネワール仏教徒に伝えられているものである。

☆12 その場合の十忿怒尊は以下の如くである。1ヤマーンタカ、2アパラージタ Aparājita（無能勝）、3ハヤグリーヴァ Hayagrīva (馬頭)、4アムリタクンダリー Amṛtakuṇḍalī (軍荼利)、5アチャラ（不動）、6タッキラージャ Ṭakkirāja（吒枳)、7ニーラダンダ Nīladaṇḍa（儞羅難拏)、8マハーバラ Mahābala (大力)、9ウシュニーシャチャクラヴァルティン (転頂輪)、10スンバラージャ。Cf.〔Bhattacharyya, B. 1968a: 251-256〕, 〔佐和 1984: 168〕, 〔頼富 1985: 160-162〕.

☆13 防御輪（護輪）については〔羽田野 1958: 42〕参照。

第六章　群小神、その他

☆1　〔田村 1986：No. 136〕参照。

☆2　五仏の並び方と色は、写真7、33、162（上方）の場合と同じである。

☆3　九曜については、〔Pal & Bhattacharyya, D. C. 1969：29–54〕、〔Bhattacharyya, B. 1972：Nos. 21, 22〕、〔von Kooij 1978：27, Pl. XLⅦb〕、〔清水 1984〕参照。Cf.〔Gail 1980：133–147〕。

☆4　図218では、一羽のハンサ鳥ではなく、五羽のハンサ鳥が描かれている。写真247の月天参照。

☆5　〔Bhattacharyya, B. 1972：62, *ll.* 19–63, *ll.* 3〕。

☆6　〔梶山・小林・立川・御牧 1985：V, 22, 27, 45；VI, 62；Ⅶ, 3, 8〕。サンスクリット・テキストは〔Johnston 1936〕の同上の個所参照。

☆7　インドラ・ジャートラ祭については、〔Anderson 1977：127–137〕、〔伊藤 1979：32–35〕、〔Deep 1982：85–88〕参照。

☆8　ネワールの護摩の過程については〔Locke 1980：104–109〕、〔立川 1984：69〕、テキストについては〔Amogha Bajra Bajracarya 1973〕参照。

☆9　たとえば、ハカー・バハール、ブ・バハール、ワナー・バハール、スヴァヤンブー仏塔横のハーリティー祠堂など。

☆10　ネパールのヒンドゥー・パンテオンとその図像についての文献目録については、〔Boulnois & Millot 1969〕、〔Malla, K. M. 1975〕、〔Jagdish Chandra 1980〕、〔川喜多 1984：156, 166–168〕参照。

ネパールのヒンドゥー教徒の手になるヒンドゥー・パンテオンの図像集としては、〔Buddhisāgaraśarman：1962〕がある。これはネパールのヒンドゥー・パンテオンの図像学書としては最も組織的なものと考えられる。その内容は以下のようである。Nos. 1–17：シヴァ、Nos. 18–55：ヴィシュヌ、No. 56：ブラフマン、Nos. 57–86：シャクティ（妃）、Nos. 87–100：シッダとガナ Gaṇa、Nos. 101–115：グラハ（惑星）、Nos. 116–127：龍神 Nāga、Nos. 128–154：星 Nakṣatra、Nos. 155–166：十二宮 Rāśi、Nos. 167–174：八方天、Nos. 175–189：ヴィシュヴァカルマン Viśvakarman、キンナラ Kiṃnara、餓鬼 Preta、ヴェータ－ラ Vetāla、クシェートラパーラ Kṣetrapāla、Nos. 190–254：ヨーギニーとバイラヴァ。附録 Nos. 1–63：『デーヴィープラーナ』*Devīpurāṇa* に述べられたヨーギニー。

☆11　本書56ページ参照。

☆12　〔Tachikawa 1986：57, Pl. 264〕。図266参照。

☆13　Cf.〔Bhattacharyya, B. 1968a：352, 361–363〕。

☆14　『完成せるヨーガの環』二一章には二十八宿はすべて「合掌をしている」と記されている〔Bhattacharyya 1972：65, *l.* 4〕が、チュシュヤー・バハールのほおづえにはそれぞれ異なった動物に乗った星宿の彫像がある〔von Kooij 1977：68〕。Cf.〔Bhattacharyya, B. 1968a：381–382〕。

☆15　Cf.〔佐和 1975：348〕,〔Bhattacharyya, B. 1968a：383〕。

☆16　〔Bhattacharyya, B. 1972：62–63〕。本書図261参照。

☆17　Cf.〔Banerjea 1974：521–522〕,〔佐和 1975：315–317〕。

☆18　このような二大弟子の像は、たとえば、シ・バヒル、ダウ・バハール、ハカー・バハールなどに見られる。

☆19 Cf.〔Singh 1968: 192–193〕,〔Macdonald & Stahl 1979: 110〕.

☆20 Cf.〔Singh 1968: 190〕,〔Waldschmidt 1969: Pl. 13〕,〔Pal 1974: 59–61, 99〕,〔Detmold & Rubel 1979: 28/29〕.

終章　聖化された世界・マンダラ

☆1 〔松長 1980b: 30–33〕参照。

☆2 〔田中 1984: 4〕。

☆3 〔松長 1980b: 195〕。

☆4 〔田中 1984: 10〕。

☆5 Cf.〔Lokesh Chandra 1967: No. 40〕,〔清水 1983: 113〕.

[付記] 図47～図51の諸尊は文殊と共通する点は多いが文殊の持ちものを持つとは言えないこと、および、ネパールの四天王（図236～図239）の持ち物は他の国と異なることのあることを、田中公明氏（東大）よりご指摘をうけた。ここに記して感謝します。

——三月一日　バークレーにて　立川　識

[付記二] ネパールでは持国天がヴィーナスを、増長天が旗を、広目天が剣を、毘沙門天が仏塔を持つことが多い。図236～239はこの伝統と異なる。図243の旗を持つ天王と図246の仏塔を持つ天王がウク・バハールでは何と考えられているかは、確かめることができなかった。

スヴァヤンブーの仏塔の東側にネパールの絵師による法界マンダラが存する。これはプラターパマッラ王によりネパール暦七八八年（西暦一九八八年はネパール暦一一〇八年）に作られたもので、『完成せるヨーガの環』二一章の内容とほぼ一致する。悪趣清浄マンダラ（図264参照）の作例はクマーリ・チョーク〔Pruscha 1975: K-205〕とクワー・バハールに見られ、サマヤ形の（シンボルによって描かれた）金剛界マンダラがカテ・シンブ〔Pruscha 1975: K-29〕に見られる。

——一九八八年　九月七日　立川　識

あとがき

仏教のパンテオンは精緻なシステムである。一体の仏の彫像を理解するためにも、その背後の何十、何百という「神々」の存在を知らねばならない。インド、ネパール、チベットなどの場合にはとくにそうであるし、またそれが大乗仏教の歴史的あり方でもあったと思われる。本書は仏教パンテオンのシステムをカトマンドゥ盆地という一つのコスモスに見られる「神々」を素材にして考察しようとしたものである。「マンダラの神々」の研究は、単に図像学的観点からなされるべきものではなく、儀礼、建築といった角度からもなされねばならない。「神々」の図像は儀礼の中でのみ意味を持つものである以上、とくに図像と儀礼との関係は重要な課題となろう。

本書は、東京外国語大学・アジア＝アフリカ言語文化研究所が行なった海外学術調査「ネパールにおける国民形成過程の人類学的言語的調査」（代表者・北村甫）の分担研究（一九八二―四）、並びに国立民族学博物館併任助教授としての個人研究（一九八五―六）に多くを負っている。

写真家横田憲治氏には本書の写真三一点（15、22、37―40、42―46、65、77―79、80―103の中の写真、108、120、151、199、一九八二年八月撮影）を提供していただいた。それ以外の写真九三点は筆者が一九八二年七―八月、一九八四年七―八月に撮影したものである。

白描の13、67、107、113―119、153、169はカトマンドゥで市販されていたものであるが、それ以外の白描とタンカ（図172）はカトマンドゥの画家ガウタマ・ラトナ・ヴァジュラーチャールヤ（Gautama Ratna Vajracarya）とその兄サルヴァジュニャ・ヴァジュラーチャールヤ（Sarvajña Vajracarya）によって描かれたものである。

仏教資料文庫（名古屋）の高岡秀暢氏と種智院大学頼富本宏教授には種々の御教示をいただき、八神由布子氏と安藤嘉美氏には写真整理などで助力を得た。ここに記して謝意を表します。ありな書房の松村豊氏にはこの書のそもそものはじまりからお世話になりました。

一九八六年　十二月一日　**立川武蔵**

NEPALESE BUDDHIST ICONOLOGY

Musashi Tachikawa

Arina Publishing Co. Ltd., Tokyo

2004

立川武蔵（たちかわ・むさし）
1942年　名古屋市に生まれる。
1967年　名古屋大学大学院文学研究科博士課程中退。
1975年　米国ハーバード大学 Ph. D. 学位取得。
現　在　愛知学院大学文学部教授（仏教学）
著　書　『中論の思想』，法蔵館，1994年。
　　　　『ブッダの哲学』，法蔵館，1998年。

曼荼羅の神々——仏教のイコノロジー

2004年4月1日新装第一版発行

著　者　立川武蔵
発行者　松村　豊
発行所　株式会社 ありな書房
　　　　東京都文京区本郷1-5-17　電話 03-3815-4604　振替東京 3-61373
印　刷　株式会社 厚徳社
製　本　株式会社 小泉製本所

索　　引

サ行

タ行

ナ行

ハ行

マ行

ヤ行

ラ行

ワ行

文　献

I　和書（翻訳書を含む）

アモーガヴァジュラ・ヴァジュラーチャールヤ『ネパール百八観音紹介』（高岡秀暢訳）百八観音木刻図像集刊行会，東京，1982。

石井　溥「カトマンズ盆地・ネワール文化のふるさと」『聖なるカトマンズ』（大村次郷編著）山と渓谷社，1977，pp. 81-85。

一柳智子「ネパール舞踊劇の世界」『日本人の原風景１』大林太良・宮田登・萩原秀三郎編，旺文社，1985，121-125。

伊藤和洋『ネパール――自然・人間・宗教――』，平河出版，1979。

岩本　裕『密教経典』読売新聞社，1975。

氏家昭夫「スヴァヤンブ――生起の物語――」『高野山大学論叢』No. 11，1976，pp. 1-39。

エリアーデ『聖と俗』（風間敏雄訳）法政大学出版局，1965。(Eliade, M., *Das Heilige und das Profane,* Rowohlt, Hamburg, 1957 の和訳)。

エリアーデ『ヨーガ』（立川武蔵訳）せりか書房，2 vols. 1975。(Eliade, M. *Yoga,* Princeton University, 1969 の和訳)。

尾島俊雄（編）『西蔵』毎日コミュニケーションズ，1982。

カイヨワ『人間と聖なるもの』（小苅米晛訳）せりか書房，1971。(Caillois, R., *L'Homme et le sacré,* Gallimard, 1950 の和訳)。

梶山雄一・小林信彦・立川武蔵・御牧克巳『ブッダチャリタ』講談社，1985。

川喜多二郎（編）『ヒマラヤ』朝日新聞社，1977。

川喜田二郎（監修）『ネパール研究ガイド』日外アソシエーツ，1984。

佐伯和彦「ネパール古代・中世史の基礎的論考」『仏教芸術』No. 152，1984，pp, 17-43。

佐和隆研（編）『仏像図典』吉川弘文館，1962。

佐和隆研（編）『御室版両部曼荼羅』法蔵館，1972a。

佐和隆研（編）『密教美術の原像』法蔵館，1972b。

佐和隆研（編）『密教辞典』法蔵館，1975。

佐和隆研（監）『総覧不動明王』法蔵館，1984。

島　岩「カトマンドゥにおけるハーリーティー（鬼子母神）崇拝について」『東海仏教』No. 30，1985，pp. 124-146。

清水　乞「マンダラと美的情趣（ラサ）」『マンダラの世界』講談社，1983，pp. 100-123。

清水　乞「九曜（Navagraha）とその図像」『勝又俊教博士古稀記念論集――大乗仏教から密教へ――』春秋社，1984，pp. 473-489。

白石真道・酒井真典「初会金剛頂経降三世品の一節について」『密教文化』41・42，1958，pp. 99-118。

菅沼　晃「ネパール仏教管見」『中央学術研究所紀要』中央学術研究所，1983，pp. 26-52。

田口　汎「ネパールの宗教美術管見」『仏教芸術』No. 152，1984，pp. 45-74。

田口有樹女「ネパールにおけるハーリィティーについて」『同朋学園佛教文化研究所紀要』No. 6, 1985, pp. 67-113。

立川武蔵「インド学的アプローチ」『密教の文化』春秋社, 1977, pp. 260-281。

立川武蔵「密教と呪術」『密教の理論と実践・講座密教(1)』春秋社, 1978, pp. 196-222。

立川武蔵・石黒　淳・菱田邦男・島　岩『ヒンドゥーの神々』せりか書房、1980。

立川武蔵「チベット仏教の神々」『ヒマラヤの僧院』講談社, 1981, pp. 137-147。

立川武蔵「カトマンドゥの神がみ」『季刊民族学』No. 26, 1983, pp. 114-125。

立川武蔵「金剛ターラーの観想法」『論叢仏教美術史』吉川弘文館, 1986a, pp. 65-97。

立川武蔵「カトマンドゥにおける八母神と八バイラヴァ」『密教図像』No. 4, 法蔵館, 1986b, pp. 29-45。

立川武蔵「マンダラとしてのカトマンズ盆地」『ヒマラヤ仏教王国 2・密教曼陀羅界』三省堂, 1986c, pp. 212-223。

田中公明『曼荼羅の歴史と発展について』チベット文化研究所, 1984。

田中公明「ターラー菩薩」『チベット文化研究会報』1986, Vol. 10, No. 1, pp. 9-11。

田村　仁『ヒマラヤの僧院・世界の聖域 8』講談社, 1981。

田村　仁『ヒマラヤ仏教王国 2・密教曼陀羅界』三省堂, 1986。

東京大学生産技術研究所・原研究室『住居集合論(4)』*SD* 別冊 No. 10, 1978。

栂尾祥雲『曼荼羅乃研究』高野山大学出版部, 1927。

栂尾祥雲『秘密集會経要略』臨川書店, 1983。

栂尾祥瑞「随求菩薩の展開」『大乗仏教から密教へ』春秋社, 1981, pp. 491-507。

長野泰彦（編）『国立民族学博物館蔵青木文教師将来チベット民族資料目録』国立民族学博物館, 1983。

中村元・紀野一義『般若心経・金剛般若経』岩波文庫, 岩波書店, 1960。

波多野純「ネパールにおける仏教僧院平面の変遷と王宮建築」『仏教芸術』No. 152, 1984, pp. 88-103。

羽田野伯猷「Tāntric Buddhism における人間存在」『東北大学文学部研究年報』No. 9, 1958, pp. 249-327。

バッタチャルヤ『インド密教学序説』（神代峻通訳）密教文化研究所, 高野山, 1962。

平川　彰『インド仏教史』（上）春秋社, 1974。

町田甲一『仏像』実業之日本社, 1976。

松長有慶「マンダラの成立と展開」『マンダラ展図録』西武美術館, 1980a, pp. 47-48。

松長有慶『密教経典成立史論』法蔵館, 1980b。

三井晶史『昭和新纂国訳大蔵経』解説部第一巻, 東方書院, 1930。

宮坂宥勝「HĀRĪTĪ 考」『大乗仏教から密教へ』春秋社, 1981, pp. 365-384。

村田治郎「建築」『世界美術全集11　インド・東南アジア』平凡社, 1954, pp. 22-39。

頼富本宏「ラマ教の美術」『チベット密教の研究』インド・チベット研究会, 種智院大学密教学会, 1982, pp. 93-238。

頼富本宏『庶民のほとけ』日本放送出版協会, 1984。

頼富本宏『マンダラの仏たち』東京美術, 1985。

II 洋書

Amogha Bajra Bajracarya, *Kalaśarcanādi-homavidhāna-pustakam,* Bajracarya Saṅgha, Kathmandu, 1973.

Anderson, Mary, *The Festivals of Nepal,* George & Allen, London, 1977.

Banerjea, J. N., *Paurāṇic and Tāntric Religion,* University of Calcutta, Calcutta, 1966.

Banerjea, J. N., *The Development of Hindu Iconography,* Munshirum Manoharlal, New Delhi, 1974.

Bendall, Cecil, *A Journey in Nepal and Northern India,* Ratna Pustak Bhandar, 1974.

Bernier, Ronald M., *The Nepalese Pagoda,* S. Chand & Company Ltd., New Delhi, 1979.

Bhattacharyya, Benoytosh, *An Introduction to Buddhist Esoterism,* Oxford University, Oxford, 1932.

Bhattacharyya, Benoytosh, *The Indian Buddhist Iconography,* Firma K. L. Mukhopadhyay, Calcutta, 1968a (2nd edition).

Bhattacharyya, Benoytosh, (ed.), *Sādhanamālā,* Vol. 1, *Gaekward's Oriental Series,* No. 26, Oriental Institute, Baroda, 1923; Vol. 2, No. 41, 1968b.

Bhattacharyya, Benoytosh, *Niṣpannayogāvalī of Mahāpaṇḍita Abhayākaragupta, Gaekward's Oriental Series,* No. 109, Oriental Institute, Baroda, 1972.

Bhattacharyya, D. C., "The Five Protective Goddesses of Buddhism," *Aspects of Indian Art,* ed. by Pal, Brill, 1972, pp. 85–92.

Bhattacharyya, N. N., "Chinese Origin of the Cult of Tārā," *The Śakti Cult and Tārā,* University of Calcutta, Calcutta, 1967, pp. 143–146.

Bhattacharyya, N. N., *History of Śākta Religion,* Munshiram Manoharlal, Delhi, 1974.

Bhattacharyya, N. N., *The Indian Mother Goddess,* 2nd ed., Munshiram Manoharlal, Delhi, 1977.

Bhattasali, Nalini Kanta, *Iconography of Buddhist and Brahmanical Sculptures in the Dacca Museum,* Dacca Museum Committee, Dacca, 1929.

Bhikshu Sudarśana, *Padmapāṇi Bodhisattva,* Pāsā Munā, Kathmandu, 1980.

Boulnois, L., & Millot, H., *Bibliographie du Nēpal,* Vol. 1, Éditions du Centre National de la Recherche Scientifique, Paris, 1969.

bSod nams rGya mtsho, *Tibetan Maṇḍalas, the Ngor Collection,* Kodansha, 1983.

Buddhisagaraśarman, *Bṛhatsūcīpatra,* Bauddhaviṣayaka, Vol. 7, 3 parts, and Saṃkṣiptasūcīpatra (index), Vīrapustakālaya, Kathmandu, V. S.-2020～2023 (A. D. 1953/4-1956/7).

Buddhisagaraśarman, *Devatācitrasaṃgrahātmaka,* Vīrapustaka Ālaya, Kathmandu, 1926.

Clark, Walter Eugene, *Two Lamaistic Pantheons,* Paragon Book Reprint Corp., New York, 1965.

Coomaraswamy, *History of Indian and Indonesian Art,* Dover Publications, 1965.

Daniēlou, A., *Hindu Polytheism,* Routledge & Kegan Paul, London, 1963.

Deep, Dhurva K., *The Nepal Festivals,* Ratna Pustak Bhandar, Kathmandu, 1982.

Deep, Dhruva K., "A Glimpse of the Golden Temple of Nepal," *Arts of Asia,* Vol. 14 –4, Tuyet Nguyet, Hong Kong, 1984.

Detmold, Geoffrey & Rubel, Mary, *The Gods and Goddesses of Nepal,* Ratna Pustak Bhandar, Bhotahiti, Kathmandu, 1979.

Dhavalikar, M. K., *The Origin of Tārā, Bulletin of the Deccan College Research Institute,* Vol. XXIII, 1962–63. pp. 15–20.

Divyavajra Vajracarya, *Advaya Paramārthā Nāmasaṅgīti,* Bhūṣaṇa Prākāśana, Kathmandu, 1956.

Dowman, Keith, "A Buddhist Guide of the Power Places of the Kathmandu Valley," *Kailash,* Vol. 8–3, 1981, pp. 183–291.

Dudzom Rinpoche, *gSaṅ sṅags sṅa 'gyur rñiṅ ma ba'i bstan pa'i rnam bźag mdo tsam brjod pa legs bśad snaṅ ba'i dga' ston,* Maṇi Printing Works, Kalinpong.

Fergusson, J. & Burgess, J., *The Cave Temples of India,* Oriental Books Reprint Cooperation, Delhi, rept. 1969.

Foucher, A., *Ētude sur l'Iconographie Buddhique de l'Inde,* Ernest Leroux, Éditeur, Paris, Part I, 1900 ; Part II, 1905.

Fujioka, M. & Watanabe, K., *The Royal Buildings in Nepal,* Nippon Institute of Technology, Saitama, 1981.

Gail, A. J., "Planets and Pseudoplanets in Indian Literature and Art with Special Reference to Nepal," *East and West,* n. s. Vol. 30, Nos. 1–4, 1980, pp. 133–146.

Gail, A. J., *Tempel in Nepal,* Akademische Druck-u. Verlagsanstalt, Graz/Austria, 1984.

Getty, Alice, *The Gods of Northern Buddhism,* Charles E. Tuttle, Tokyo, 1962.

Gupta, S. P., *Masterpieces from the National Museum Collection,* National Museum, New Delhi, 1985.

Gupte, R. S., *The Iconography of the Buddhist Sculptures of Ellora,* Marathwada University, Aurangabad, 1964.

Gupte, R. S., *Iconography of the Hindus Buddhists and Jains,* D. B. Taraporevala Sons & Co., Bombay, 1972.

Gutschow, Niels, *Stadtraum und Ritual der newarischen Städte im Kathmandu-Tal,* Verlag W. Kohlhammer, Stuttgart, Berlin, Köln, Mainz, 1982.

Gutschow, N. & Kölver, B., *Ordered Space Concepts and Functions in a Town of Nepal,* Kommissionsverlag Franz Steiner Gmbh, Wiesbaden, 1975.

Hasrat, Bikrama Jit, *History of Nepal,* V. V. Research Institute Press, Hoshiarpur, 1970.

Hemarajya Sakya, *Saṃkṣipta Āryāvalokiteśvara Paricaya,* Kathmandu, n. d.

Hoefar, Hans Johannes (directed and designed), Gruisen, Lisa Van (produced), Anderson John Gottberg (ed.), *Nepal,* Apa Productions, Kathmandu, 1983.

Humtington, Susan L., *The Pāla-sena Schools* of Sculpture, Brill, Leiden, 1984.

Jagdish Chandra, *Bibliography of Nepalese Art,* Delhi Printers Prakashan, New Delhi, 1980.

'Jam dbyangs Blo gter dbang po, *rGyud sde kun btus,* N. Lungtok & N. Gyaltsan, Delhi,

30vols., 1971, reprint.

Jayaswal, K. P., *Chronology and History of Nepal 600 B. C. to 880 A. D.*, Bharati-Prakashan, Varanasi, 1976.

Johnston, E. H. *The Buddhacarita or Acts of the Buddha*, Lahore, 1936 (reprint Motilal Banarsidass, Delhi, 1977).

Karan, P. P. & Pauer, G. & Iijima, S., *Map—The Kingdom of Nepal—, Monumenta Serindica*, No. 11, Institute for the Study of Languages and Cultures of Asia and Africa, 1983.

Kirfel, Willibald, "Der Mythos von der Tārā und der Geburt des Buddha," *ZDMG*, Band 102, 1952.

Korn, W., *The Traditional Architecture of the Kathmandu Valley*, Ratna Pustak Bhandar, Kathmandu, 1976.

Lēvi, Sylvain, *Le Nēpal, Annals du Musée Guimet*, Vol. 1, 1905 ; Vol. 2, 1905 ; Vol. 3, 1908.

Locke, John K., *Karunamaya*, Sahayogi Prakashan for Research Cantre for Nepal and Asian Studies, Tribhuvan University, 1980.

Lokesh Chandra, *A New Tibeto-Mongol Pantheon, Śata-Piṭaka Series, Indo-Asian Literatures*, Vol. 21 (13–15), 1967.

Lokesh Chandra (reproduced), *Pañca-rakṣā, Śata-Piṭaka Series, Indo-Asian Literatures*, Vol. 267, 1981.

Lokesh Chandra, *Buddhist Iconography in Nepalese Sketch-Books, Śata-piṭaka Series, Indo-Asian Literatures*, Vol. 302, 1984.

Lokesh Chandra, *Buddhist Iconography of Tibet*, Rinsen, Kyoto, 1986.

Macdonald, A. W., & Stahl, Anne Vergati, *Newar Art*, Vikas Publishing House, New Delhi, 1979.

Majupuria, Trilok Chandra & Majupria, Indra, *Glimpses of Nepal*, Smt. Maha Devī, Lalitpur, 1979–80.

Majupuria, Trilok Chandra, *Erotic Themes of Nepal*, S. Devi, Kirtipur, 1980–81.

Malla, Khadga Man (ed.), *Bibliography of Nepal*, The Royal Nepal Academy, 1975.

Mallmann, Marie-Thérēse de, *Introduction a l'Ētude d'Avalokiteśvara*, Civilisations du Sud, Paris, 1948.

Mallmann, Marie-Thérēse de, *Étude Iconographique sur Mañjuśrī*, École Française d' Extrême-Orient, Paris, 1964.

Mallmann, Marie-Thérēse de, *Introduction a l'Iconographie du Tântrisme Bouddhique*, Bibliothēque du Centre de Recherches sur l'Asie Centrale et la Haute Asie, Paris, 1975.

Mitra, R. L., *The Sanskrit Buddhist Literature of Nepal*, Asiat. Soc. Bengal, 1882 (Reprint. Sanskrit Pustak Bhandar, Calcutta, 1971).

Moti Chandra, *Stone Sculpture in the Prince of Wales Museum*, The Board of Trustees of the Prince of Wales Museum of Western India, Bombay, 1974, p. 48.

Mukherji, Durga Das, *Āryamañjuśrī-nāmasaṅgīti,* University of Calcutta, Calcutta, 1963.

Müller, Ulrike, *Die ländlichen Newar-Siedlungen im Kāṭhmāṇḍu-Tal,* Selbstverlag des Geographischen Instituts der Justus Liebig-Universität Giessen, Giessen, 1984.

Nandi, S. C., *Religions Institutions and Cults in the Deccan,* Motilal Banarsidas, Delhi, 1973.

Otto, R., *Die Gnadenreligion Indiens und das Christentum,* Leopold Klotz Verlag, Gotha, 1930.

Pal, Pratapaditya & Bhattacharyya, Dipak Chandra, *The Astral Divinities of Nepal,* Prithivi Prakashan, Varanasi, 1969.

Pal, Pratapaditya, *The Arts of Nepal,* E. J. Brill, Leiden, Part I (Sculpture), 1974 ; Part II (Painting), 1978.

Pal, Pratapaditya, *Art of Nepal,* Los Angeles Country Museum of Art, 1985.

Petech, Luciano, *Mediaeval History of Nepal (c. 750–1480), Serie Orientale Roma* X, Istituto Italiano per il Medio ed Estremo Oriente, Roma, 1958.

Prabhudesai, P. K., *Devīkośa,* Tilak Mahārashtra Vidyapeeth, Pune, vol. 2, 1972.

Pruscha, Carl., *Kathmandu Valley, The Preservation of Physical Environment and Cultural Heritage, A Protective Inventory,* 2 vols., Vienna, 1975.

Ram, Rajendra, *A History of Buddhism, In Nepal A. D., 704–1396,* Motilal Banarsidass, Delhi, 1978.

Rao, T. A. Gopinatha, *Elements of Hindu Iconography,* Madras, 2vols., 1914 (reprint Motilal Banarsidass, 1985).

Ratna Kajee & Bijaya Ratna Vajracharya, *Nepāḥ Deḥyā Vihārayā Tāḥcā (Key to Viharas in Nepal),* Mantrasiddhi Mahavihar, Kathmandu, 1983.

Ray, Amita, *Art of Nepal,* Indian Council for Cultural Relations, New Delhi, 1973.

Regmi, D. R., *Medieval Nepal,* Firma K. L. Mokhopadhyay, Calcutta, 3parts, 1965–1966.

Sahni, Daya Ram, *Catalogue of the Museum of Archaeology at Sarnath,* Indological Book House, Delhi, Varanasi, 1972.

Sahu, N. K., *Buddhism in Orissa,* Utkal University, Bhuvaneshvar, 1958.

Shastri, J. L. (ed.), *Brahmāṇḍa Purāṇa,* Motilal Banarsidass, 1973.

Singh, Madanjeet, *Himalayan Art,* Macmillan, London, 1968.

Sircar, D. C., *The Śakti Cult and Tārā,* University of Calcutta, Calcutta, 1967.

Sircar, D. C., *The Śākta Pīṭhas,* Motilal Banarsidass, Delhi, 1973.

Slusser, Mary Shepherd, *Nepal Mandala, A Cultural Study of the Kathmandu Valley,* Princeton University Press, Princeton, 1982, 2vols.

Stutley, Margaret and James, *A Dictionary of Hinduism,* Routledge & Kegan Paul, London and Henley, 1977.

Tachikawa, Musashi, "A Hindu Worship Service in Sixteen Steps——Shoḍaśa-upacāra-pūjā——," *Bulletin of the National Museum of Ethnology,* Vol. 8, No. 1, 1983, pp. 104–186。

Tachikawa, M., "Materials for Iconographic Studies of the Eight Mother-Goddesses in the Kathmandu Valley, Part 1: Plates," *Anthropological and Linguistic Studies of the Gandaki Area in Nepal, Monumenta Serindica,* No. 12, Institute for the Study of Languages and Cultures of Asia and Africa, 1984, pp. 1–29, Pls. 1–179.

Tachikawa, M., Ibid., Part 1–(2), *Anthropological and Linguistic Studies of the Gandaki Area in Nepal,* Monumenta Serindica, No. 15, 1986, pp. 41–58, Pls. 180–272.

Takaoka, Hidenobu, *A Microfilm Catalogue of the Buddhist Manuscripts in Nepal,* Buddhist Library, Nagoya, 1981.

Vadrīratna Vajrācāryya,[*Saptamātrikāstotra*], Fine Art Printing Press, Kathmandu, 1970.

Vadrīratna Vajrācāryya, *Amoghapāśa Lokeśvarayā Brata Bidhi Kathā,* Mantrasiddhi Mahavihāra, Kathmandu, 1981.

van Kooij, Karel Rijk, "The Iconography of the Buddhist Wood-carvings in a Newar Monastery in Kathmandu (Chuṣya-Bāhā)," *Journal of the Nepal Research Centre,* Vol. 1, 1977, pp. 39–82.

van Kooij, Karel Rijk, *Religion in Nepal,* Institute of Religious Iconography, State University Groningen, Leiden, E. J. Brill, 1978.

von Schroeder, Ulrich, *Indo-Tibetan Bronzes,* Visual Dharma Publication, Hong Kong, 1981.

Waldschmidt, Ernst & Rose, Leonore, *Nepal, Art Treasures from the Himalayas,* ts. by David Wilson, Oxford & IBH Publishing Co., Calcutta, Bombay, New Delhi, 1969.

Wayman, Alex, *Chanting the Names of Mañjuśrī,* Shambhala, Boston & London, 1985.

Wiesner, Ulrich, *Nepal, Königreich im Himalayas, Geschichte, Kunst und Kultur im Kathmandu-Tal,* DuMont Kunst-Reiseführer, 1976.

Wylie, Turrell, *A Tibetan Religious Geography of Nepal,* Is. M. E. O., Roma, 1970.

Yamamoto, Chikyo, *Introduction to The Maṇḍala,* Dohosha, 1980.